脚本で学ぶ個別労働紛争あっせん制度

実務的すぎる裏話付き

■ ブラックなラーメン屋が解雇，パワハラ，
■ 賃金不払い残業…紛争勃発！ 和解なるか!?

安藤政明

花乱社

ご　挨　拶

　私は，リスク法務実務研究会（以下，「リスク法務」）という士業を中心とする任意団体を主宰しています。創設は平成20年2月29日で，会員数は約40名です。

　リスク法務の基本活動は，会員が講師を務める研究会を開催することです。原則として毎年8回開催しますが，少し前から，8回のうち4回については，非会員も有料で参加できる公開セミナーを兼ねて開催するようになりました。

　この他，レクリエーションとして，バーベキュー大会とボウリング大会をそれぞれ年1回開催しています。

　実は，これだけではありません。

　平成22年1月から，福岡市中央区天神の警固神社宮司の許可を得て，清掃奉仕活動を始めました。偉そうに書きましたが，隔月1回だけです（笑）。隔月1回だけだからでしょうか，平成27年現在も継続中です。リスク法務の会員でなくても参加できるため，毎回30人くらい集まってくれています。

　次に，会員のうち同好の士が集まって，「リスク法務バンド」が創設されました。オヤジバンドのようなものです（笑）。出演機会は，当初はリスク法務の忘年会だけでした。しかし，次第に会員が関与する祭りなどのステージに出演したりするようになっています。

　その他，マラソンやジョギングを楽しむ「ジョギング部」，ゴルフ同好者の「ゴルフ部」があります。ちなみに，私は一本歯の下駄で散歩する「一本歯下駄天狗の会」をリスク法務公認部活動にしたかったのですが，誰もついてきてくれませんでした（涙）。公認要件が最低でも会員4人以上での活動だったところ，3人しか集まらなかったのです。その後，この3人と私の娘を加えて，たまに散歩してますが（笑）。

　前置きが長くなりましたが，平成25年，「リスク法務劇団」を創設しました。

劇団ですよ。誰に見せるかというと，リスク法務の会員です（笑）。平成25年と平成26年の忘年会で演じました。

　脚本は，私です。ということは，テーマは労働法に関することになってしまいます（笑）。そして，平成26年忘年会の演劇が好評だったことから，調子に乗り始めたのです。

　「平成27年は，劇場を借りて，一般客を相手にやろう！」

　会員は，みんな大迷惑です。しかし，素晴らしい会員たちはいつの間にか巻き込まれ，最終的には実行に移すことになったのです。

　脚本は，個別労働紛争のあっせん制度について，理解を得られる内容にしました。私自身が，あっせん制度にあまりにも深く関与しているためです。労働局紛争調整委員会あっせんでは，何度も当事者（使用者側）の代理人を務めさせていただきました。社労士会労働紛争解決センター福岡あっせんに関しては，その設立準備委員会の副委員長を経て，平成21年創設と同時にセンター副所長に就任，平成27年6月まで3期6年務めさせていただきました。また，平成25年からあっせん委員に就任し，現在に至っています。

　この経験を生かして劇のために脚本を作ったのですが，勢い余って執筆したのが本書です（笑）。

　本書は，脚本を概ねそのまま掲載しています。本書と協力者さえいれば，誰でも劇ができますし，そのまま個別労働紛争あっせん制度を理解していただけると思います。また，脚本以外の部分は，ほぼすべて経験に基づく実践的な話ばかりです。

　あっせん制度は，本当に手軽，簡単，迅速で，負担が少ない素晴らしい制度だと思います。本書が，多くの方にあっせん制度に関心をもってもらえるきっかけになったり，ひいてはあっせん制度の発展に少しだけでも役立ったりすることを夢見ています。

　最後になりましたが，無理に付き合っていただいたリスク法務劇団の皆さま，お忙しいところ無理な注文を聞いていただいた花乱社の皆さま，心から感謝を申し上げます。

リスク法務劇団　脚本監督　安 藤 政 明

脚本で学ぶ
実務的すぎる裏話付き
個別労働紛争あっせん制度
◉目次◉

ご挨拶…………………………………………………………………………3

『ブラックなラーメン屋』脚本と 「ひとこと，そして時々解説」の巻

【リスク法務劇場】ブラックなラーメン屋
　解雇，パワハラ，賃金不払い残業…紛争勃発！　和解なるか!?

　　リスク法務劇団　劇団員紹介……………………………………………10
　　登場人物・配役………………………………………………………12

　　第一幕……………………………………………………………………14
　　第二幕……………………………………………………………………24
　　第三幕……………………………………………………………………34
　　第四幕……………………………………………………………………40
　　第五幕……………………………………………………………………48
　　第六幕……………………………………………………………………64

「個別労働紛争あっせん制度」解説の巻

第1章　あっせんの根拠法令……………………………………………107
　　1　労働局紛争調整委員会…………………………………………107
　　2　社労士会労働紛争解決センター………………………………109

第2章　受理されないあっせん申立の例………………………………112
　　1　法律名から推測できる不受理事案……………………………112

2　法律上対象外とされる事案……………………………………113
　　3　意外な不受理事由と，その詳細………………………………114
　　4　事実上受理できない事案………………………………………115
　　5　期間の経過による不受理事由…………………………………116
　　6　実務でよくある不受理事由……………………………………116
　　7　不受理事案のまとめ……………………………………………119

第3章　あっせん向きの労働紛争……………………………………121

　　1　あっせん制度の特徴……………………………………………121
　　2　解雇事案…………………………………………………………123
　　3　退職勧奨，雇止め………………………………………………125
　　4　いじめ，嫌がらせ………………………………………………125
　　5　賃下げ……………………………………………………………127
　　6　賞与，退職金……………………………………………………127
　　7　時間数が不明確な不払い残業代………………………………128
　　8　少額事案…………………………………………………………128
　　9　あっせん向き事案のまとめ……………………………………129

第4章　あっせん機関とあっせん関係者……………………………131

　　1　あっせん申請・期日前まで（労働局あっせん）……………131
　　2　あっせん申立・期日前まで（社労士会あっせん）…………133
　　3　管轄あっせん機関………………………………………………134
　　4　申立費用…………………………………………………………135
　　5　あっせん当事者…………………………………………………136
　　6　代理人……………………………………………………………138
　　7　補佐人，参考人…………………………………………………140

8　あっせん運営関係者………………………………………141
　　9　あっせん委員………………………………………………142

第5章　あっせん申立と被申立……………………………144

　　1　申立書………………………………………………………144
　　2　申立書記載事項を別紙とする方法………………………147
　　3　受理と通知…………………………………………………148
　　4　答弁書………………………………………………………150

第6章　あっせん期日………………………………………152

　　1　労働局あっせん（当事者控え室）………………………152
　　2　労働局あっせん（あっせんの進行）……………………153
　　3　社労士会あっせん…………………………………………156
　　4　和解契約書…………………………………………………157

個別労働紛争あっせん制度資料

平成26年度都道府県別個別労働紛争解決制度の運用状況について
　　（平成26年4月1日～平成27年3月31日）………………161
あっせんの例……………………………………………………162
あっせん申請書…………………………………………………164
あっせん手続申立書……………………………………………166
あっせん申請書・委任状・代理人選任届〈記入例〉………168
「産経新聞」記事「労働紛争解決「あっせん制度」知っていますか？」…171
都道府県労働局内　総合労働相談コーナー一覧……………172
社労士会労働紛争解決センター一覧…………………………173

『ブラックなラーメン屋』脚本と
「ひとこと，そして時々解説」の巻

　この章は，左ページが演劇『ブラックなラーメン屋』の脚本，右ページが左の脚本の中から選択した言葉に関する「ひとこと」だったり，「解説」だったりします。
　ぜひ，想像力をたくましくして，演劇脚本をご覧いただきたいと思います。

【リスク法務劇場】ブラックなラーメン屋

解雇，パワハラ，賃金不払い残業…紛争勃発！ 和解なるか!?

リスク法務劇団 劇団員紹介

▷小川　剛（おがわ　ごう）

元々ラーメンが好きで，ラーメン店に就職。3年勤務して独立。夫婦で「小川ラーメン」を創業した。イタズラ好きだが，奥さんには弱い。労働法など全く気にせず完全無防備。

現実社会では，弁護士として小川・橘法律事務所を共同経営。

▷手嶋清子（てしま　すがこ）

小川剛の妻。ラーメン店開店には反対したが，開店後は実に献身的によく働いている。ラーメン店を切り盛りしつつ，小川剛の暴走を止める役割を果たす。地頭が良い。

現実社会では，行政書士として手嶋行政書士事務所を経営。

▷徳永明日香（とくなが　あすか）

小川ラーメンの従業員。勤務態度は誠実。明るい接客でお客さんから大人気，よくビールとかおごってもらっている。かわいらしい性格だが，気が強く，言い出したら聞かない。

現実社会では，社会保険労務士として徳永労務管理事務所二代目。

▷箭川亜紀子（やがわ　あきこ）

手嶋清子の同級生。ラーメンとビールが好きで，小川ラーメンにちょくちょく顔を出す。社会保険労務士事務所を経営。合理的な思考の持ち主。ソフトバンクホークスの大ファンで，この件に関しては見境がない。

現実社会でも社会保険労務士で，安藤社会保険労務士事務所に勤務。

▷柴田雄祥（しばた　たけひろ）

社会保険労務士事務所を経営。知人の紹介で，徳永明日香のあっせん代理人を務めることに。少しキザだが，細かいところにまで気が回る。あっせん期日では，徳永明日香に振り回され気味……。

現実社会でも社会保険労務士で，しばた社会保険労務士事務所を経営。

▷田上隆一（たのうえ　りゅういち）

　あっせん委員。普段は，大学教授として，労働法を教えている。人当たりの良い性格から，あっせん和解率が高い。

　現実社会では，社会保険労務士として，福岡経営労務管理事務所を経営。

▷仲家淳彦（なかや　あつひこ）

　労働局総務部企画室の職員で，あっせん事務を担当。あっせん期日は記録係として同席する。性格は明るく，計算が速い。

　現実社会では，弁護士としてあゆみ法律事務所を経営。

▷深町義浩（ふかまち　よしひろ）

　舞台監督。劇の音響などを担当。音楽好きで，音楽の話を始めたら止まらない。「無から有をつくる」ことを好む。笑顔がステキな癒やし系。

　現実社会では，会社役員として経理，労務等を担当。

▷福田憲太郎（ふくだ　けんたろう）

　福舞台監督（「副」ではなく，「福」）。劇の音響などを担当。音楽好きで，数年前に音楽会社まで設立した。人なつっこい性格で誰からも愛される。

　現実社会では，土地家屋調査士として福田土地家屋調査士事務所を経営。

▷松尾拓也（まつお　たくや）

　演出。他に小道具などを担当。高校時代は演劇部。独特の感性を持っており，練習では的確な指示を出す。自らも踊って歌えるエンターテイナー。

　現実社会では，公認会計士・税理士としてまつお会計事務所を経営。

▷安藤政明（あんどう　まさあき）

　脚本，監督。脚本も演劇も素人でありながら，リスク法務実務研究会の多くの優秀な会員に支えられる。独断即決で周囲を振り回す。

　現実社会では，社会保険労務士として安藤社会保険労務士事務所を経営。

登場人物・配役

小川ラーメン

[小川ラーメン大将]
小川　剛
いくつになってもガキ。
くだらないイタズラが大好き。

解雇？パワハラ

[従業員]
徳永明日香
明るく元気な看板娘。
大将のイタズラの最大の被害者。

夫婦

[小川剛の奥さん]
手嶋清子
小川大将をよく支え，かつコントロール。一方で，結婚したことを後悔しているという噂が。

同級生 ｜ 依頼

依頼

[特定社会保険労務士]
箭川亜紀子
しっかりしていそうで，ちょっといい加減な社労士。「解雇は自由よ」が口癖。

同業者

[特定社会保険労務士]
柴田雄祥
キザでスケベな社労士。
儲かる仕事ならポリシーなく受任する。

労働局紛争調整委員会

[あっせん委員]
田上隆一

誰が見てもまじめな大学教授。しかし夜の中洲では……

[記録係]
仲家淳彦

計算が速くて話し好き。記録係はしゃべらないはずだが……

・・・・・・・・・・・・・・・・リスク法務劇団　裏方たち・・・・・・・・・・・・・・・・

[脚本・監督・語り]
安藤政明

誰もが恐れる鬼監督。
被害者続出中。

[演出]
松尾拓也

高校時代は演劇部。
何でもこなすエンターテイナー。

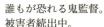

[舞台監督]
深町善浩

いつも眠そうな目をした経理マン。
音楽の話のときだけ目が輝いて饒舌に。

[福舞台監督]
福田憲太郎

子だくさんで少子化対策。
ここ一番で底力を発揮。

第 一 幕

【暗】
【BGM】
安藤
　　小川ラーメンは，【BGM終わり】創業5年目のラーメン店です。
　　店主は小川剛。
　　ラーメン店で3年修行して独立しました。
　　オープン当初は，奥さんの清子と夫婦二人で経営していました。
　　次第にお客さんも増えて，従業員を雇いました。
　　従業員は，徳永明日香。
　　最初はパートで採用されましたが，真面目に働いてきたことが評価され，2年前に正社員になりました。
　　最近少し売上が減ってきたようで，店主の小川は悩んでいるようです。
　　小川ラーメンにて。
【明】
小川
　　あー，ここんとこ，ちょっと売上減ってきとうな……
　　俺が作るラーメンは天下無敵。
　　日々研究して，味も進化させてきとうし。
　　おかしいな……
　　売上減少の原因は従業員の接客態度としか考えられん。
　　徳永！
徳永
　　（小川の方を向きつつ）はぁ……
小川
　　「はぁ」じゃないやろ！
　　「はい！」だ！
徳永
　　（しぶしぶ）はい。

① 2年前

「2年」という数字，労働法の世界では重要な意味を持ちます。まずは，条文を紹介します。

> 労働基準法第115条
> この法律の規定による賃金（退職手当を除く。），災害補償その他の請求権は2年間，この法律の規定による退職手当の請求権は5年間行われない場合においては，時効によって消滅する。

「この法律の規定による賃金，災害補償その他の請求権」の時効が2年なんですね。「賃金，災害補償その他の請求権」ということで，退職手当を例外として，事実上その他何でも時効は2年ということです。

もし給与が支払われなかったとしても，2年間は請求可能ということです。この場合の起算日は，給与支払日とされています。

「その他の請求権」と聞いて，何か思い浮かびますか？

最も有名なのは，「年次有給休暇」だと思います。名称は，「年次」有給休暇ですよ。毎年毎年，その年その年の休暇のように思えますが，請求権は2年とされています。多くの事業所の就業規則には，「年次有給休暇は，翌年次に限り繰り越すことができる」と規定されています。これは，わかりやすい表現です。実は，労働基準法第115条の規定により，時効が2年であることが根拠なんですね。

もっとも，裁判例の中にも，年次有給休暇は翌年度に繰り越せないとしたものもあります（国鉄浜松機関区事件，静岡地裁昭和48年3月28日）。行政通達は，繰り越しを認めないことは差し支えないとしつつも，翌年度において請求権が消滅するわけではないとしています（昭和23年5月5日基発686号）。結局2年です。

年次有給休暇は，本来は労働による疲労蓄積からのリフレッシュ等を目的とする制度だと思います。それなのに，時効2年ということで，退職時にまとめて取得するケースが目立ちます。本来の趣旨から逸れているといえますね。年次有給休暇の時効は1年でいいんじゃないでしょうか。

小川
　お前，最近愛想悪すぎだぞ！
徳永
　別に悪くないですよ。
小川
　いやいや，悪い。
　ちょっとニコッとしてみろ。
徳永
　(やる気なさそうにほほえみながら) こうですか？
小川
　違う！
　こうだ!!（満面の笑みを見せる）
徳永
　ちょっと大将，かえって恐いですよ。
小川
　なんだと！
清子
　明日香ちゃんが言う通りよ。
　あんたちょっと恐いよ。
小川
　そ，そうか……
　でも徳永，さっきの笑顔じゃお客さんには通用しないぞ。
　マジメにやってみろ。
徳永
　お客さんの前では，ちゃんとやりますから。
小川
　いまやれって言ってるんだ！
徳永
　(笑顔でほほえんで) こうですか？
小川
　まだまだ。

② 「お前」

　最近は，ちょっとしたことですぐにパワハラだとか話題になることが多いように感じます。

　ハラスメント防止の社内研修等の講師は，「女性に○○ちゃんと言ったらセクハラになる可能性がありますよ」，「後輩に『お前』等と呼ぶと，パワハラになる可能性がありますよ」等と説明しているようです。

　これらの説明が誤っているとは言いません。しかし，必ずしも正しいとも思いません。

　このような研修を受けた人は，「○○ちゃんって呼んだらダメなんだ」，「お前って言ったらダメなんだ」のようなイメージだけが残されてしまうことが多々あるようです。

　セクハラもパワハラも，実際に何をしたか，何を言ったかが重要な判断基準となります。

　しかし，それだけで決まるものではありません。

　何かをされ，または何かを言われた側が，「そのことをどう感じたか」という点が，最も重大な鍵を握るのです。

　上司Aから「お前」と呼ばれたら心の底から腹が立つけれど，別の上司Bから言われても何とも思わないとか，むしろ親しみを感じるとかは，あり得る話です。

　上司の立場の皆さん，「【何を】したか，言ったか」ではなく，「【誰が】したか，言ったか」です。

　自分は大丈夫だって思っているでしょうけれど，わかりませんよ～（笑）。

　リスク予防の観点でいけば，余計なことを言ったりしなければハラスメント事件が発生しないわけです。だから，「ちゃん」や「お前」等と言わなければ，リスクが抑制につながるということです。

　……無機質で全く面白くない人間関係が構築されそうですね。

　ハラスメント発生リスクは抑えられても，もっと大切な何かが失われ続けるのです。

もっとさわやかな笑顔で！
徳永
（満面の笑みで）こうですか？
小川
（満面の笑みの徳永をじっと見て，イタズラっぽい顔で）ブスやね～。
徳永
（小川をキッと睨み，怒った表情で）どうせブスですよ。
小川
（ニヤニヤしながら）怒った顔が，さらにブスやね～。
　　お前がそんな顔しとるけん，お客さんが離れるったい。
　　<u>厚化粧に金髪</u>やし。
　　飲食店でそんな不潔な格好すんな，バーカ。
徳永
（小川をキッと睨んで）不潔で悪かったですね！
清子
　　ちょっとあんた……
　　言い過ぎよ。
小川
　　はいはい。
　　徳永！
　　とにかくお客さんには，ちゃんと笑顔で対応しろ！
　　わかったか！
徳永
（ふてくされて）わかりましたよ！
小川
　　それから，お前の最大の問題は，気合いが入っとらんことだ。
　　ちょうどお客さんもいないし，発声練習だ！
徳永
　　え～，イヤですよ。
小川
　　何がイヤだ！

③「厚化粧に金髪」

　店主が，厚化粧に金髪であることを指摘していますね。

　別に注意すること自体は，自由です。一方で，従業員側は，注意されたら遵守する義務があるのでしょうか。

　どのような化粧をしようと，どのような髪型等をしようと，本人の自由です。しかし，仕事中は，「使用者に使用されて労働」しなければなりません（労働契約法第5条）。原則として，不合理な指示等でなければ，従わなければならないのです。

　ここで問題となるのが，どこまでが合理性があって，どこからが不合理なのかという基準です。これがとっても難しいのです。

　トラック運転手が，髪を黄色に染めて勤務し，元に戻すよう指示しても戻さなかったため諭旨解雇とした事案があります（東谷山家事件，福岡地裁小倉支部平成9年12月25日）。裁判所は，労働者の髪の色・型，容姿，服装等のような人格や自由に関する事柄について，企業秩序維持のため自由を制限する場合は，企業の円滑な運営上必要かつ合理的な範囲内にとどまるべきものであるとし，結論として諭旨解雇を無効と判断しました。

　この裁判例は，とても有名です。しかし，この事件の具体的な内容はあまり知られていません。会社が黄色い髪を元に戻すよう指示したところ，最初は自然と元に戻すと回答し，それでも会社はすぐに元に戻すよう指示したので，本人は自ら白髪染めである程度黒く戻したのです（少し茶色い部分を残してはいましたが）。それでも会社は許さず，すぐに元に戻すよう言い，本人がこれを拒否したので懲戒処分として解雇を選択したのです。

　筆者も，解雇はやり過ぎで，業務命令に従わなかったことを理由に訓戒処分か減給処分くらいにしとけばよかったのに，と思います。

　裁判例は，トラック運転手の話です。本人が担当する業務によっても判断が異なりますし，一概に言えません。

　事業所という集団の中で見た目が奇抜であれば，業務に支障がなくても，周囲が不快に感じる可能性が考えられます。注意しないと黙認したと扱われる可能性があります。堂々と注意指導しましょう。従業員側も集団の一員としての自覚が必要です。飲食店で派手な化粧は良くないでしょう。

まずは「いらっしゃいませ」からだ。
大きな声で感じよく言ってみろ。

徳永
えー……

小川
俺が模範を見せてやる。
(満面の笑みで)「いらっしゃいませ！」
こうだ！
早く言わんか！

徳永
(しぶしぶ)いらっしゃいませ。

小川
ちがーう！
笑顔と気合いが全然足りん！
も一回！

徳永
(満面の笑みで)いらっしゃいまし！

小川
(徳永を指さして)あー，いま「いらっしゃいまし」って言ったー。
バーカ，バーカ。

徳永
(ムッとした表情)ちょっとトイレ。(徳永，トイレに行く)

小川
徳永の奴，最近態度悪すぎるな……

清子
態度悪いっつうか，少し元気がないよね……
あんた，ちょっといじめすぎじゃない？

小川
イジメとらんよ。
可愛がっとうだけたい。

清子

④「最近態度悪すぎる」

　ずっとマジメに働いていた従業員が，次第にそうでなくなってきたり，または突然態度が悪くなったりするケースがあります。もしあなたの部下がこうなったら，どう対応しますか？

　事業所と従業員とは，「労働契約」という契約を締結している当事者同士です。その「労働契約」について，労働契約法第5条は，「労働者は，使用者に使用されて労働」するものだと定めています。「使用者に使用されて」という言い回しが何ともいえませんが，要は，事業所の指示命令に従って労働するということです。

　考え方として，事業所は，労働契約を締結することによって，労働者から所定労働時間という「時間」を買っているといえます。その「時間」において，マジメに働いていなかったり，突然態度が悪くなったりするのですから，これは「労働契約違反」と言い得る状況だと思われます。

　労働法は，労働者保護を目的としています。事業所側の義務を定め，違反したら罰金刑や懲役刑の罰則も定めています。しかし，労働者側の労働契約違反については，法による罰則はありません。事業所の裁量に委ねられているのです。そこで，事業所は，就業規則を定め，その中に服務規律や懲戒の定めをすることによって，はじめて労働者に対する懲戒権を行使できることになるのです。

　話を戻しますが，態度が悪いとしても，そのまま何も注意指導しなければ，懲戒処分もできません。場合によっては，その態度の悪さについて黙認したことにすらなりかねません。事業所は，やはり何らかの注意指導をすべきところなのです。

　しかし，つくづく労働契約って難しいですよね。相手が人間ですから。しかも，労働契約は，契約期間を定めなければ，基本的に定年までという契約です。実に超長期の契約です。この長い期間，ずっと絶好調で全力疾走で走り続けることは困難でしょう。それでも，ちょっと立ち止まって時には声を掛けないと，その後二度と全力で走らなかったり，そのまま途中棄権（退職）につながったりする可能性も考えられるのです。

ちょっと，あんた。
　　もしかして明日香ちゃんが好きなん？
小川
　（ちょっとビクッとして）そ，そんなわけないだろう。
　　俺が愛するのは，お前だけさ。（ウインク）
清子
　　気持ち悪っ！
　　ま，とりあえず明日香ちゃん，元気になってもらわんとね。
（少し間，徳永，戻ってくる）
小川
　　長かったやん？
　　発声練習に備えて力んだんか？
（腰を落として力むマネ）くさい，くさい。
徳永
（徳永，キッと睨む）
小川
　　何だその目つきは！
徳永
　　大将なんか大嫌いです！
　　こんな店，もう辞めたいです。
小川
　　は？
　　何が辞めるだ！
　　こっちからクビにしちゃあ！
清子
　　ちょっと，あんた……
小川
　　お前は今日限りでクビだ！　クビ！
　　出ていけ!!
徳永
　　言われなくても出ていきますよ！

⑤「辞めたいです」,「こっちからクビにしちゃあ！」

　売り言葉に買い言葉というところでしょうか。

　従業員は,「辞めたいです」と言っています。一応, 退職を希望する意思表示です。しかし, この前の流れから, 真意の意思表示とまでは断言できない感じですね。

　これに対して,「こっちからクビにしちゃあ！」。これも真意とは言い難い発言です。この言葉から, 売り言葉に買い言葉の世界に突入しています。さらに「出て行け！」ときて,「言われなくても出て行きますよ！」です。

　そのまま日本語だけ解釈すれば, 退職を願う発言があります。これに対して, 願うから退職を認めるのではなく, わざわざ店側からクビにすることとし, さらに即時退場を促します。これに対し, 即時退場とか言われなくても, 自分から出て行くことを宣言, という流れですね。

　労働用語をあてはめると, 退職の申入れ, 申入れを拒否した上で即時解雇, 即時解雇されずとも自ら退職することを宣言, という感じでしょうか。

　民法に, 心裡留保（第93条）, 錯誤（第95条）等の規定があり, 真意に基づかない意思表示を無効または取り消せることになっています。仮にこれらの一連の発言が無効だとしても, 現実はどうなるでしょうか。従業員が出勤しなければ,「クビ」の効力が続いている状況です。そして, このまま従業員が何もしなければ,「クビ」が確定してしまうのです。

　このような売り言葉に買い言葉のような終わり方の場合, 後日労働紛争につながるケースが少なくありません。この場合, 従業員側の発言が有効だと判断されることはまずないと思われますし, 仮に双方の発言が無効だと判断されても現職復帰です。よほど重大な解雇事由がある場合のやりとりでもない限り, 事業所の「クビ」が解雇したものと取り扱われ, その解雇が有効と認められる可能性はほとんどないといえるでしょう。結局, 事業所の負けです。

　事業所側も人間です。しかし, 労使間の「売り言葉に買い言葉」は, 事業所だけが損をすると心得ておくしかありません。

（徳永，出ていく）
清子
（後を追いながら）あ，明日香ちゃん，待って〜。
小川
（不機嫌そうな表情）ふん！

第 二 幕

【暗】
安藤
　明日香，出て行っちゃいましたね。
　怒りがおさまらず，専門家に相談したいと考えたようです。
　知り合いから社会保険労務士[6]の柴田雄祥を紹介してもらい，早速相談に行くようです。
　柴田社会保険労務士事務所にて。
【明】
【ノックの音コンコン】
徳永
　こんにちは。
柴田
　こんにちは。
徳永
　紹介してもらった徳永明日香と申します。
　宜しくお願いいたします。
柴田
　こちらこそ，宜しくお願いいたします。
　いやぁ，多くの社労士がいる中，私に当たって良かったですね。
　特に労働紛争に関しては，なかなかできる社労士がいないんですよ。
徳永
　わぁ，本当に宜しくお願いいたします。
柴田

⑥ 社会保険労務士

　社会保険労務士とは，社会保険労務士法に基づく国家資格者です。主な業務内容は，次のとおりです（社会保険労務士法第2条）。
- 労働社会保険諸法令に基づく申請書等の作成，提出代行
- 労働社会保険諸法令に基づく申請，異議申立，調査等の代理
- 個別労働紛争解決促進法等に基づく紛争当事者の代理（※）
　　（※特定社会保険労務士に限られる）
- 労働社会保険諸法令に基づく帳簿書類の作成
- 労務管理，労働社会保険諸法令に関する相談，指導

　パッと見てわかりにくいですが，要約すると，「労働社会保険関係の書類作成・提出代行，調査等の立会等，個別労働紛争あっせん代理（特定社会保険労務士に限る），労働関係や社会保険の相談指導」となります。
　範囲が限られているようですが，「人」に関することなので，極めて幅が広く，また，奥が深いのです。
　ニュースや新聞でよく見かける言葉を挙げてみます。
　新卒採用，求人倍率，初任給，人事異動，過重労働，過労死，労災認定，パワハラ，セクハラ，マタハラ，育児休業，年次有給休暇，裁量労働制，賃金不払い残業，整理解雇，懲戒解雇，懲戒処分，不当解雇，解雇権濫用，男女雇用機会均等，高齢者雇用，障害者雇用，定年，ベア，定昇，春闘，労働組合，健康保険，厚生年金，国民年金，派遣，出向，非正規雇用，契約社員，パート……。
　これらは，すべて労働社会保険関係の用語です。どれ一つとっても，それぞれかなり奥が深い問題です。

　多くの社会保険労務士は，事業所と継続的な契約を締結し，労働社会保険手続を代行することを主たる業務としています。しかし，全国に約4万人が社会保険労務士登録をしていますので，得意分野，経験・能力等は実に様々です。労働紛争の相談は，労働紛争に強い社会保険労務士に相談したいところです。

はい，早速ですが，解雇されたとお聞きしましたが……

徳永

そうなんですよ。
いきなり「クビだ」と言われて追い出されました。

柴田

いきなりですか？

徳永

はい，「クビだクビ！ 出ていけ！」って言われました。

柴田

豪快ですね。
昔はよくありましたが，最近は珍しいタイプの解雇ですね。
何か<u>解雇される理由</u>とかはあったのでしょうか？
　　　　　　　　7

徳永

うーん……
最近私の愛想がなくて，お客さんが減ってきたことが理由だとは思うんですが……

柴田

そのことは度々注意とかされていたんですか？

徳永

いえ，初めて注意されて，その日にクビになりました。

柴田

それは酷いですね。

徳永

（大きくうなずきながら）そうですよ。
大将はいっつも怒鳴るし。

柴田

怒鳴るんですか？
ちなみに，具体的にどんなふうに怒鳴るんですか？

徳永

「ブス」とか「バカ」って言われることが多いですね。
他にも，いろいろありましたが……

7 解雇される理由

　解雇とは，労働契約について，事業所が一方的に解約することをいいます。反対に，労働者が一方的に解約することは，辞職といいます。労働契約の解約に関して，どっちが一方的に解約したかによって，名称が異なるのです。

　問題は，この先です。辞職の場合，事業所がどんなに引き留めても，本人の意思が固ければ解約（退職）が確定します。そして，そのことが法律上問題となることもありません。

　反対に解雇の場合は，法律上問題になりまくります（笑）。

　労働基準法のどこを見ても，「解雇してはならない」という条項はありません。解雇は自由なのです。ただ，30日以上前に予告するか，または30日分以上の平均賃金を支払うことが義務づけられているのみです。それなのに，何故問題になりまくるのでしょうか。

　事業所には，自由に解雇できる権利が認められています。しかし，権利の濫用はダメだとされています。「濫用」は，新聞等では「乱用」と読みやすく書かれていますね。濫用の「濫」は，河川氾濫の濫で，大いに乱れているイメージです。通常の権利濫用は，確かにとんでもない濫用のことをいうのですが，解雇権については，裁判所が些細なことでも濫用だというのです。そのため，問題になりまくるのです。

　まず，客観的に合理的な理由が求められます。解雇理由です。事業主がどれだけ解雇理由を力説してもダメです。「客観的」に認められる理由が必要です。しかも，一般の日本人による客観性ではありません。裁判官という特殊な人たちによる客観性が問われるのです。ここで，残念ながら多くの解雇が脱落しちゃいます。

　さらに，社会通念上解雇が相当だと認められなければなりません。これも社会通念上と言ってますが，裁判官の通念上です。例えば，上司を一発殴った部下がいたとして，解雇理由の客観性は認められても，殴ったのが一度だけで，それも突発的で再犯のおそれがないと思えば，「解雇は酷だ」とか考えて，社会通念上相当でないから解雇は無効とされたりするのです。

　事業所にとって，本当に解雇は難しいです。解雇しても，訴えられたら敗訴リスクが伴うからです。

柴田
(驚いた表情で)「ブス」とか「バカ」ですか。
　もろにパワハラですね。
徳永
　そうです！
　パワハラです！
柴田
　その調子なら，セクハラもあるんじゃないですか？
徳永
　いや，セクハラはないですよ。
柴田
(ニヤニヤしながら)胸とかお尻とか触られませんでしたか？
徳永
　ええ，そういうのはありません。
　椅子に座っていたときに，後ろからいきなり椅子をひいてコケさせられたことはありますが。
柴田
(さらにニヤニヤしながら)そのときパンツとか見られたんじゃないですか？
徳永
(不審そうな表情) それはわかりませんが……
　とにかくセクハラはありません。
柴田
(真顔に戻って)そうですか，わかりました。
　ところで，職場に戻る気はありますか？
徳永
　絶対イヤです。
　大将の顔なんか二度と見たくないです。
柴田
　ですよね～。
　ちなみに残業とかはどうでしょうか？

8 残業

「残業」という言葉から，どのような情景が浮かぶでしょうか？

『広辞苑』（第6版，岩波書店）で調べてみましたら，簡単に，「所定労働時間以後の労働。居残り残業」と説明しています。日本語として，「残」って「業」務を行うことを残業というはずですから，この説明は正しいと思います。

一方で，「早出残業」という言葉が使用される例があるようです。この言葉はおかしいですね。「早出」といえば，通常は所定労働時間の始業時刻より前のことをいうと思われますので，まだ「残業」できない時間帯ですね（笑）。

労働基準法にも，「残業」という用語はありません。同法第32条は，1週間につき40時間，1日につき8時間を超えて労働させてはならない，と規定しているだけです（法定労働時間といいます）。時間帯については原則として規制していないのです。

それでも，最近は「朝型勤務」がもてはやされたりしています。実際，「できるだけ残業したくないから，朝早く出勤して仕事しています」という人も珍しくありません。少し考えてみます。

始業時刻9時，終業時刻17時（1時間休憩，所定労働時間7時間）の事業所の場合，8時から就業したとしても，少なくとも「残業」には該当しません。しかし，予定通り17時まで就業すれば，8時間労働したことになりますから，1時間多いのです。それでも，残って働いたわけではないので，残業したわけではありません。ここで，残業代計算のための利便等から，「早出残業」のような言葉が生まれるのだと思われます。

これらの日本語上の矛盾を一発で解決する用語が，「時間外」という言葉です。所定労働時間が決まっていて，この時間帯でない時間は，すべて「時間外」です。所定労働時間でない労働時間はすべて所定時間外労働ということになります。このうち，1日8時間または1週間40時間を超える時間が原則として法定時間外労働ということになります。

徳永

　残業？

　残業はほとんどありませんでしたよ。

　週に１日か２日だけ，30分か１時間くらい遅くなったくらいです。

柴田

　ラーメン店ですよね[9]。

　何時から何時までの勤務でしたか？

徳永

　だいたい朝10時から夜11時までです。

柴田

　結構長いですね。

　休憩時間はどれくらいありましたか[10]？

徳永

　一応２時から４時まで休憩なんですが，お客さんの状況次第です。

　１時間休めれば「休憩取れた〜」って感じでした。

柴田

　そうですか。

　不払い残業代がありそうですね。

徳永

　（目を輝かせて）え？　不払い残業代？

柴田

　ええ。

　いくらかはありそうです。

　休日は週２日ですか？

徳永

　いえいえ，毎週火曜日の定休日だけですよ。

柴田

　週１日だけですか！

　じゃ，不払い残業代は確実にいくらかあると思います。

徳永

　（さらに目を輝かせて）本当ですか。

⑨ 「ラーメン店ですよね」

　何故この台詞にアンダーラインがつくか，一瞬「？？？」と感じられた方もいらっしゃるかもしれません。実は，深い意味があるのです。

　この台詞は，社会保険労務士の発言です。しかも，残業時間の確認をしている途中での台詞です。

　既に，法定労働時間の原則が1週間につき週40時間であることを述べました。しかし，少しだけ，特例があるのです。そして，特例事業場に限り，週40時間のところ週44時間まで認められるのです。

　特例事業場は，従業員数（パート等も含めます）が常時10人未満の事業所で，かつ，次のいずれかの業種に該当する場合に限られます（労働基準法施行規則第25条の2）。

　　・物品の販売，配給，保管若しくは賃貸又は理容の事業
　　・映画の映写，演劇その他興業の事業
　　・病者又は虚弱者の治療，看護その他保健衛生の事業
　　・旅館，料理店，飲食店，接客業又は娯楽場の事業

　ラーメン店は，飲食店です。従業員が常時10人未満であれば，法定労働時間は週44時間になるのです。

⑩ **休憩**

　法律上，1日の労働時間が6時間以内であれば休憩時間は不要です。6時間を超えると45分以上，8時間を超えると1時間以上の休憩時間が必要です（労働基準法第34条）。

　必要に応じて，6時間以内でも休憩時間を定めても構いませんし，8時間以上の場合等で休憩時間を1時間30分とか2時間とかにしても構いません。重要なことは，完全に労働から解放される自由時間として休憩時間が与えられることです。

　休憩中でも外出できず，来客があればすぐに対応しなければならない状態であれば，労働時間として扱われるので注意が必要です。

柴田

　ええ。
　残業時間は，1日の労働時間だけでなく，1週間の労働時間も関係があるんですよ。
　休みが週1日だけですから，確実にオーバーすると思います。
　給与明細と出勤簿かタイムカード[11]はありますか？

徳永

　いえ，ありませんよ。

柴田

　え？
　何もないんですか？

徳永

　はい。
　給料も現金手渡し15万円です。

柴田

　それだけ働いて15万円ですか！

徳永

　はい。
　保険とかも何もありません[12]。
　一度火傷したことがあったんですが，大将から「労災保険ないからとんこつスープぬっとけ」って言われました。

柴田

　ちょっと酷いですね……
　アウトローって感じですよ。
　家族経営といえどブラック企業って言ってよさそうですね。

徳永

　本当にそうですよ！

柴田

　じゃ，とりあえず不当解雇，パワハラ，不払い残業代について，内容証明で請求してみましょう。
　小川ラーメンの対応次第では，その後何らかの法的手段を執ることになる

⑪「**給与明細と出勤簿かタイムカード**」

　一般的な事業所なら，給与明細や出勤簿（またはタイムカード等）は必ずありますね。これらのものがないというだけで，そのまま違法扱いです。では，具体的に，どう違法なんでしょうか？

　賃金台帳を作成する義務は，労働基準法第108条に明確に規定されていますが，給与明細を作成交付する義務は労働基準法のどこを探しても規定がありません。出勤簿も同様です。

　給与明細は，意表を突いて，所得税法第231条に規定があるのです。所得税法では，給与等の「支払明細書」という表現です。

　ちなみに，各種保険料の控除額については，各種保険法に計算書を作成して本人に通知する義務が定められています。

・雇用保険料：労働保険料徴収法第321条第１項
・健康保険料：健康保険法第167条第３項
・厚生年金保険料：厚生年金保険法第84条第３

　このように，給与明細は，税法及び各種保険法によって作成義務があるのです。労働基準法に全く規定がないところが面白いですね。

　出勤簿は，ちょっとややこしいのですが，労働基準法第109条の記録保存義務の対象となる書類等の一つとして取り扱われています。そして，行政通達により，始業終業時刻の把握と記録が義務づけられているような形です。

⑫「**保険とかも何もありません**」

　一般的な事業所の場合，労働保険（労災保険及び雇用保険）と社会保険（健康保険と厚生年金）が適用されます。労働保険は，個人事業でも従業員が１人でも原則強制適用です。社会保険は，法人事業所の場合は１人でも強制適用ですが，個人事業所の場合は原則５人未満の場合は任意加入となります（飲食業，その他一部サービス業は人数無関係で適用除外）。

　小川ラーメンは個人の飲食業で，さらに５人未満ですから，社会保険がないのは仕方ありません。ただ，労災保険，雇用保険がないのは違法ですね。

かもしれません。
徳永
　はい，お願いします！

第 三 幕

【暗】
安藤
　明日香は，柴田社会保険労務士と打ち合わせしました。
　その結果，解雇の他にも，パワハラの慰藉料と不払い残業代を請求する方針となりました。
　小川ラーメン，今から何が起こるか予測していません。
　実に無防備ですね。
　どうなることでしょうか。
　数日後……小川ラーメンにて。
【明】
清子
　あんたー，何か来てるよー。
小川
　ん？
清子
　明日香ちゃんからみたいよ。
（手紙を渡す）
小川
　徳永？
　はは〜。
　「この前はすみませんでした」って感じの手紙やな。
（文書を読みながら）ん？
　不払い残業代300万円？
清子
（手紙をのぞき込みながら）不当解雇[13]の補償金360万円？

⑬ 不当解雇

　不当解雇，よく聞く言葉ですが，法律用語ではありません。元々解雇すること自体が法律で禁止されているわけでもありません。

　客観的に合理的な理由を欠き，社会通念上相当と認められない解雇については，権利濫用により無効とされるというだけです（労働契約法第16条）。このことを権利濫用法理といいます。根拠は，民法第1条第3項の，「権利の濫用は，これを許さない」という条項です。

　「無効な解雇」では，ちょっと語呂が良くないかもしれませんね。そこで，不法解雇，違法解雇等のネーミングが候補になるわけですが，なぜ「不当解雇」がよく使用されるようになったのでしょうか？

　法律用語として「不当」といえば，労働法関係では労働組合法第7条の「不当労働行為」が有名です。不当労働行為という用語の定義が労働組合法第7条に規定されているのですが，この条文の中に「不当労働行為」という用語は見当たりません。労組法を探してみると，第19条第3項の中に出てきます。やっぱり法律用語でした。

　さらに『広辞苑』（第6版，岩波書店）で「不当」を調べてみると，「不当表示」，「不当利得」等と並んでしっかり「不当労働行為」が解説されています。ちなみに，「不当解雇」は掲載されていません。

　もともと日本人は，裁判等の争いごとが嫌いな民族です。だから，裁判に訴える人は，どちらかというと異端児のように見られることも少なくありませんでした。しかし戦後，労働組合法，労働基準法等が相次いで成立し，主に労働組合による労働争議の裁判が行われるようになります。労働組合は，労働組合法で強く保護されています。事業所が何らかの対抗策をとろうとすると，「不当労働行為だ！」と主張するわけです。この流れから，解雇無効を主張するときも「不当解雇だ！」となったのではないかと勝手に推測しております。

　雇用契約も，契約ですから，相互に契約解除権が認められてしかるべきです。しかし，労働者による解除（退職）は事実上お咎めなしで，事業所による解除（解雇）だけ厳しく規制されています。日々実務の世界で実態を見ていますと，「理不尽！」と言いたくなることが少なくありません。

小川
　パワハラ慰藉料300万円？
清子
　労災保険未加入慰藉料40万円？
小川
　合計1000万円，１週間以内に支払えって??
清子
　1000万円を１週間以内に？
小川
　なに言ってるんだ，こいつは!!
清子
　どういうこと??
小川
　だいたい解雇なんかしとらんやろ。
　あいつが辞めるって言ったけん，「それなら今日で辞めろ」って言っただけやん。
清子
　そ，そうかな……
　明日香ちゃんが「辞めたい」って言ったら，あんたが「クビだ，クビ！」って言ったんじゃなかったっけ？
小川
　そうかもしれんけど，先に辞める話をしたのは徳永たい。
清子
　そうやけど，あんた最後は「出ていけ！」って言いよったよ。
小川
　そりゃ言ったけど，あいつが辞めるって言うけんやろ。
　何も言わんなら，こっちも言うとらん。
清子
　そうね……
　確かにこっちから解雇したわけじゃないよね……
小川

⑭ 労災保険未加入

　原則として労災保険が強制加入であることは，既に述べたとおりです。

　しかし，強制加入であっても，実際に加入手続きをしていないのであれば，やはり未加入という状態になってしまいます。

　労災保険は，正式名称は労働者災害補償保険といいます。労災保険法第1条は，労災保険について，「業務上の事由又は通勤による労働者の負傷，疾病，障害，死亡等に対して迅速かつ公正な保護をするため，必要な保険給付を行い……」と規定しています。「労働者」が保険の対象で，「経営者」は対象外です。

　なぜ労働者だけを補償するかというと，理由は労働基準法に求められます。労働基準法第8章（第75条以下）は，使用者に対し，労働者が業務上負傷したり疾病にかかったりした場合に，療養費や休業補償等の災害補償をすることを義務づけているのです。

　もし，従業員が業務上負傷したにもかかわらず，事業所に資力がなく，全く補償を受けられなかったら，あんまりですよね。そこで，このような場合も確実に補償が受けられるようにするため，強制適用の保険制度として制定されたのが労災保険なんです。

　さて，未加入だったらどうなるでしょう。

　労災保険の目的は，無資力経営者に雇用されても業務災害の場合は確実に補償することです。未加入事業所は，ただ単に手続を知らなかっただけという悪意がない場合もあるでしょうし，知ってて延び延びになっている場合もあるでしょう。また，資金力がなくて，故意に加入手続きをしていない場合もあるでしょう。しかし，業務災害が発生した場合に，未加入であることを理由に補償しないのであれば，労災保険の本来の目的を果たせません。

　結論は，未加入であろうと，従業員の業務災害は補償されるのです。この場合，未加入事業所には，費用徴収というペナルティが課せられることがあります。特に，加入督促を受けたにもかかわらず未加入のままの状態で事故が発生すると，かなりやばいです。

そうやろ。
それに残業とかさせとらんし。
清子
確かに，残業はそんなになかったよね
小川
それも，少し残業あるけど込みで15万って約束して正社員にしたはずやん。
清子
確かに約束したね。
小川
言いがかりも甚だしい！
あんなに可愛がってやったのに。
清子
そうね。
でも可愛がりがパワハラかもよ。
あんたいつも，ブスとかバカとか言ってたもん。
小川
バカにバカって言って，何が悪い？
パワハラはね，何も問題ない奴をいじめることば言うと。
清子
え？
パワハラって，相手が嫌がることを言うことじゃない？
小川
なに言いよるん？
ちゃんと社会保険労務士のアキちゃん先生に聞いとるったい。
仕事上必要な言動なら業務の範囲内やけん，パワハラにならんと！
清子
うーん，ブスとかバカと言う必要はなさそうな……
あと，言葉だけじゃなくて，あんたくだらんイタズラしよったやん。
明日香ちゃんが座る椅子に，座ったら「ぶうぅ！」っていう座布団置いたり……
あんなのもパワハラやないと？

⑮「込みで15万」

　一昔前までの中小企業では，当たり前のように設定された給与制度，「込み込みで○○円」です。労働時間も業績も関係ありません。全部込みで○○円なのです。なんといってもシンプルでわかりやすいのが特徴です。
　さて，この給与制度の何が問題となるのでしょうか？
　事業所と従業員との関係は，労働契約とか雇用契約といわれます。いずれにしても，契約です。契約は，当事者の合意で成立します。「込みで○○円」で合意したのですから，別に問題なさそうです。仮に問題があるとすれば，それは当事者間の問題でなく，第三者による問題です。第三者とは，ご想像の通り労働法です。
　まず最初に，「込みで○○円」が絶対に違法かというと，そうではありません。法定労働時間を超える勤務が一切なく，設定された給与の額が最低賃金を下回るわけでもなければ，何も問題はなく，合法です。
　違法となるためには，何らかの法律に抵触している必要があります。「込み○○円」が違法とされるのは，残業代を支払っていないケースがほとんどだといえます。ここで疑問となるのは，なぜ「込み」じゃダメなのか，ということです。
　労働基準法は，「強行法規」という強烈な法律です。たとえ当事者同士が真意の合意で契約していても，労働基準法の規定を満たさない部分は無効とされてしまい，その部分は労働基準法の規定に置き換えられてしまうのです（労働基準法第13条）。
　残業（法定時間外労働）に関しては，その労働時間に応じて割増賃金を支払う義務が定められています（労働基準法第37条）。「込み」とする場合，具体的に何時間分が込みなのか，また，具体的に給与総額の内いくらが込みなのか，わかりません。ということで，ばっさりと認められないということになっているのです。
　最低でも，通常の給与の部分と時間外の部分とを明確に区分して，さらに実際に計算した残業代が区分された時間外の部分を超えるなら，差額を追加支給する必要があります。もちろん，最初から本人と合意していることが前提です（※別途㊱参照）。

小川

いやいや，あれは職場に笑いを採り入れるテクニックなの！

手嶋

ま，今度アキちゃんが来たら聞いてみるわ。

とりあえず，この手紙どうしよう？

小川

こんなの，無視，無視[16]！

放っとこう。

清子

え？　無視？？

大丈夫かいな……

第 四 幕

【暗】

安藤

なんと，小川ラーメンは，無視することにしたようです。

とことん無防備ですね。

そのまま1週間が経過しました。

明日香は，その状況を柴田社会保険労務士に相談しました。

柴田社会保険労務士は，指定期限を経過したことから，次の手段を提案するようです。

柴田社会保険労務士事務所にて。

【明】

柴田

そうですね。

今回は，「あっせん」を利用してみるのも一つの手かもしれません。

徳永

あっせん？

柴田

はい。

⑯「無視！」

　小川ラーメンは，解雇した従業員からの手紙による請求を無視しています。これを見て，皆さまはどう感じましたか。中には，最悪の選択肢だと感じた方もいるでしょう。しかし，必ずしもそうだとは限りません。

　まず，従業員から事業所に対して労働関係の何かを直接請求する手法としては，①面談請求，②電話等による請求，③メール等による請求，④文書手渡し等による請求，⑤文書郵送等による請求，などが考えられます。さらに，「文書で請求事項を送りましたから，届き次第確認し，回答してください（①＋④）」のような複合型もあります。ひとまず大雑把に，①②は口頭請求，③④⑤は書面請求と区分します。

　口頭請求に対しては，その場で何らかの反応が必要です。特に労働関係の請求は，貸付金返済請求等と異なり，請求を受ける事業所側にとっては寝耳に水のようなケースが多く，その場で最終回答ができることは少ないと思います。その場で拒否するか，または「確認して連絡する」等の回答をすることになるのがほとんどでしょう。そして日本人は，一度「回答する」と言ってしまった以上，何らかの回答をしなければならないという気持ちになってしまいます。だから，何らかの回答をすることになることが多いと思います。

　書面請求の特徴は，請求内容を直接聞いていないことといえます（口頭請求＋書面請求の場合を除く）。請求するのは勝手ですが，請求を受けた者が回答するかしないかも勝手です。しないことで問題が大きくなるなら回答すればいいし，取るに足らない問題や悪意に満ちた請求なら回答して理解させるもよし，無視してほったらかしてもよいでしょう。

　無視することは，事業所側の対応策の一つでもあります。無視した結果，そのまま問題が立ち消えになることもあり得るのです。逆に，従業員側の怒りを増大させるリスクもあります。相手が機械や物でなく「人」だから，その都度どうするのがよいのか検討するしかありません。

　と言いつつも，無視するのがよいといえるケースがそんなに多いとは思えません。書面請求がそれなりに合理的なら，不誠実な対応といえることは間違いないでしょう（笑）。

あっせんとは，公平中立な第三者が，徳永さんと小川ラーメンの話を聞いて，いくらくらいで和解したらどうか，とか提案してくれる制度です。

徳永
公平中立じゃなくて，私の味方をしてくれるのがいいです。

柴田
確かに。
でも，話し合いで和解を目指す制度だから，間に入る人が公平中立じゃないと話し合いにならないんですよ。

徳永
そりゃそうですね。

柴田
あっせんは裁判じゃないから，相手方に対して「支払え」とか命令するわけではありません。

徳永
ちょっとよくわからないんですけど……
あっせんは，どんなメリットがあるんですか？[17]

柴田
なかなかメリットがありますよ。
まず，裁判ではありませんから，費用がほとんどかかりません。

徳永
それは大きなメリットですね！

柴田
はい。
それから，時間がかかりません。
だいたい申立てから1カ月後くらいにあっせん期日が設定されます。
原則その1日だけで終了ですから，精神的負担も軽いです。

徳永
1日だけなんですね。

柴田
はい。
それもだいたい3時間程度みてもらえればOKです。

17 「あっせんは，どんなメリットがあるんですか？」

　この発言，何も不自然さがありません。しかし，そのことが不自然なようにも思えます。もしここで，裁判を勧められていたら，「裁判は，どんなメリットがあるんですか？」って聞くでしょうか？　聞くかもしれませんが，聞かないような気がしませんか？

　裁判を勧められたら，「どのくらい費用がかかりますか？」という質問が，私の予想で第1位の質問です。第2位以下は，「勝てますか？」とか，「どのくらい期間がかかりますか？」とか，「いくらくらい取れそうですか？」とかでしょう。

　こうなる理由は，みんな「裁判」という言葉を知っていて，さらにそれぞれ何となく裁判のイメージを持っているからです。中には，裁判に慣れている人もいるでしょう（笑）。

　これに対し，「あっせん」はあまりにも知名度が低すぎます。要は，あっせんというものを知らないから，このような質問が出るのです。

　厚生労働省が公表した平成26年度の統計数値を紹介します。
　労働局（総合労働相談コーナー）が受けた相談件数は，全国で103万3047件です。なんと年間100万件超えです。それも7年連続100万件超えという実績です。この100万件の内「個別労働紛争」に当たる相談が，23万8806件です。約23％ですから，ざっくり4件の相談のうち1件は個別労働紛争だということです。しかし，あっせん申立に至るのはわずか5010件しかないのです。個別労働紛争相談件数に占める割合として，たったの2％程度です（巻末資料161ページ参照）。
　個別労働紛争専門のあっせん機関は，他に社会保険労務士会が設立している社労士会労働紛争解決センターがあります。残念ながら，こちらは労働局紛争調整委員会によるあっせんよりも，受理件数が少ないのです。
　これじゃ，知名度も上がりませんね。
　あっせんについては，後ほど詳述します。本当に良い制度だと思います。だから，もっと知ってもらい，もっと活用してほしいと考えています。

そして，裁判と違って，直接対面がありません。
小川ラーメンと直接会うことがないのです。

徳永
(無表情) そうですか。

柴田
(不思議そうな表情) 通常，直接会わない[18]でいいのなら，って喜ぶ人が多いですよ。

徳永
いえいえ，会いたいわけじゃないんですよ。
会いたくないですよ。
本当です。

柴田
……わかりました。
反対に，デメリットもあります。

徳永
デメリット？

柴田
はい。
まず，あっせんを申し立てても，相手方が話し合いに応じるかどうかは，相手方の自由だということです。

徳永
え？
じゃ，大将が応じなかったらどうなるんですか？

柴田
その場合，あっせんは開催されず，打ち切りになってしまいます。

徳永
打ち切りって，それじゃ話になりませんね。

柴田
そうなんです。
それから，相手が応じてあっせんが開催されたとしても，あくまでも話し合いだから，和解が成立するという保証がありません。

⑱「直接会わない」

　あっせん制度の大きなメリットの一つが，相手方と直接顔を合わさないことです。

　労働審判や裁判は，紛争当事者が同じ場所で直接顔を合わせて行われます。労働委員会の不当労働行為救済申立も同様です。

　紛争当事者は，お互い仲良くありません（笑）。酷いときは，相互に激しく憎しみ合っています。顔など見たくもありません。それなのに，労働審判や裁判では，顔を合わせなければならないのです。

　弁護士に依頼して代理人として出廷してもらえば，本人は出廷しなくても構いません。顔を合わさなくてすむのです。しかし，労働審判は最大3回の期日しかないため，基本的に本人も出廷せざるを得ません。裁判に至っては，尋問があるため，最低でも1回は出廷しなければなりません。

　裁判でも，早い段階で和解協議が行われ，和解成立してしまえば，結果的に代理人弁護士だけが出廷して紛争解決します。だから，絶対に顔を合わせるというわけではありません。

　あれこれ言いましたが，本人にとって，「相手方と会うことになる可能性があること」が大きな障壁となることが考えられるのです。

　この点，あっせんなら，顔を合わさずに紛争解決を目指すことができます。もちろん人によって大きく異なるとは思いますが，最大のメリットとなり得るしくみといえるでしょう。

　社労士会労働紛争解決センター福岡の場合，両当事者は別室に入り，それぞれの部屋にあっせん委員が入ってあっせんを行います。当事者は，それぞれ別の部屋に入ったままですから，相手方と会うことがないのです。あっせん機関として注意しているのが，開始時刻は両当事者に時差を設けること，同様に終了後にお帰りいただく時間にも時差を設けることです。これで会う可能性が全くなくなります。

　……あと一つありました。途中で，当事者がトイレに行く場合です。一方がトイレに行っているときは，万一その相手方がトイレに行きたいと言っても待ってもらいます（笑）。現実には，なかなかトイレ・バッティングは生じませんが。

徳永
　そうなったら，どうしたらいいんですか？
柴田
　そのときは，他の手段を検討するしかありません。
　具体的には，労働審判とか裁判とかです。
徳永
　そうですか……
　でも，裁判とか面倒そうだしお金かかりそうだし，できたら避けたいです。
　先生は，どうしたらいいと思いますか？
柴田
　そうですね，まずはダメ元であっせん申立をしてみるのがいいと思います。
　もしダメでも，他の方法に切り替えればいいだけ[19]ですから。
徳永
　そうですね……
柴田
　あっせんは，お互いに譲歩して和解を探る制度です。
　こちらが1000万円請求しても，相手方が300万なら払うとか言って，こっちは700万円までなら譲歩する……こんな感じで話し合いが進みます。
　最終的に金額が折り合えば，和解成立です。
徳永
　そうですか……
　でも，裁判までは考えていませんし，正直なところ1000万円の半分くらいでも十分かなって思っています。
柴田
　そのようなお気持ちなら，和解成立する可能性もありそうですね。
　まずは，相手があっせんに応じてくれればいいですね。
徳永
　大将，頭悪いからなぁ……
　でも，まずは気軽にあっせん申立でいきたいと思います。
　宜しくお願いいたします。
柴田

⑲「ダメでも，他の方法に切り替えればいいだけ」

　事業所に対する労働法関係の請求が行われるタイミングとして，最も多いのは退職（または解雇）前後です。

　中には，最初から訴訟も辞さずという思いで労働紛争を仕掛けてくる場合もあります。しかし，人間にはいろんな人がいて一概に言えませんが，ほとんどの人が，最初から裁判までやろうとは考えていません。「裁判までは」と言いながらも，何らかの形で権利だけは主張しようとするのです。

　一昔前と最も大きな違いは，インターネットで容易に情報を入手できることです。ちょっと調べれば，労働紛争の解決手段として実に多くの方法があることがすぐにわかります。そして，具体的な事案の内容にもよりますが，気軽に相談できる窓口が多いこと，多いこと。

　請求の方法として，①本人直接請求，②代理人による請求，③労働基準監督署への申告，④労働組合加入による団体交渉申入れ，⑤あっせん申立，⑥労働審判申立，⑦提訴，等があります。そして，どれか一つだけしか選択できないのではなく，解決するまで最終的には訴訟まで何度でも解決をはかることができるのです。

　例えば，本人直接請求⇒事業所拒否⇒あっせん申立⇒和解不成立⇒労働審判申立⇒異議申立⇒訴訟⇒判決，というような流れです。本人直接請求，あっせん申立，労働審判のいずれにおいても，事案の内容によって大きく異なりはしますが，解決の可能性はあったのです。仮に，あっせんで解決すれば，その後の労働審判及び訴訟がなくなります。劇は，「直接請求⇒無視」という状態で次の手を検討しています。労働審判でも悪くありませんが，通常は弁護士に依頼することとなるため費用もかかりますし，解決するとしても申立て後3カ月くらいはかかります。これがあっせんですと，費用もさほどかからず，時間も申立後約1カ月程度となるのです。別に解決しないとしても，労働審判や訴訟のように，裁判所に出頭せずにできるチャンスとして，活用すべき制度といえるのです。

　実は逆パターンもあります。請求を受けた事業所側からあっせんを申立てる方法です。毎日電話してきて鬱陶しい場合等はもちろん，そうでなくても中立のあっせん委員を交えて協議できるので，お勧めです。

はい。
一緒に頑張りましょう！

第 五 幕

【暗】
安藤
　柴田社会保険労務士は，直ちにあっせん申立書を作成して福岡労働局に提出し，受理されました。
　福岡労働局は，あっせん申立の相手方である小川ラーメンに対し，あっせん参加の有無について回答を求める文書を送りました。
　小川ラーメンの常連客に，清子の同級生で社会保険労務士の箭川亜紀子がいます。
　小川ラーメンにて。
【明】
清子
　あんた，また変な郵便が来てるわよ。

小川
　ん？

清子
　福岡労働局って，何やろ？
（封書を渡す）

小川
（封書を開けながら）何か調査でも入るんかいな……

清子
　労働局って書いてあるけん，明日香ちゃんが何かしたんじゃないかしら。

小川
　またあいつか？
　懲りん奴だな。
（封書を読みながら）あっせん？

清子

⑳ 労働局

労働局という名称は有名ですが，この労働局というものがどういう組織かは，意外と知られていません。ここで，福岡労働局を例に，その組織を紹介します。

福岡労働局には，総務部，労働基準部，職業安定部，雇用均等室が置かれています。

総務部には，総務課，企画室，労働保険徴収課が所属します。中でも企画室は，紛争調整委員会あっせんを担当する部署です。労働保険徴収課は，その名の通り労働保険関係の手続や保険料徴収等を担当します。

労働基準部には，監督課，安全課，健康課，賃金課，労災補償課が所属します。いずれも課の名称で何となく担当分野が推測できそうですね。大まかですが，監督課は労働基準，安全課は労働安全，健康課は労働衛生，賃金課は最低賃金や統計調査，労災補償課は労災保険制度を担当します。

職業安定部には，需給調整事業課，職業安定課，職業対策課，地方訓練受講者支援室が所属します。需給調整事業課ってわかりにくいですが，労働者派遣等を担当する課です。あとは，求人求職等を担当する課ですね。雇用関係の助成金制度の多くが，職業対策課の担当です（福岡助成金センターを設置しています）。

最後に雇用均等室です。名称から想像できると思いますが，男女雇用機会均等法を担当します。さらに，育児介護休業法，パートタイム労働法等も，雇用均等室の担当です。これらの法律に絡む助成金制度も雇用均等室が窓口です。

さらに，労働局の下部組織として，労働基準監督署と公共職業安定所とがあります。労働局は各都道府県に一つずつですが，労働基準監督署と公共職業安定所は，ある程度地域密着的な感じで設置されています。福岡県の場合，労働基準監督署が11署，公共職業安定所が14所置かれています。労働基準監督署は労働基準法，労働安全衛生法，労災保険法等を担当し，公共職業安定所が雇用保険法，職業安定法等を担当します。

厚生労働省は，かつて厚生省と労働省の二つの省でした。この旧労働省の分野が労働局だと考えるとちょうどいい感じかと思います。

あっせん？
あっせんって何？
小川
　知らんよ。
清子
（小川が持っている封書をのぞき込みながら）また「1000万円払え」って書いてあるわよ。
小川
　1000万円，この前無視したヤツの続きか。
清子
　よくわからんね。
　でもあんた……
　今度無視すると恐いよ。[21]
　アキちゃんに相談しようよ。
小川
　そうやな……
（少し間，箭川，入ってくる）
箭川
　こんにちはー！
小川，清子
（元気よく）いらっしゃい！
箭川
　ラーメン，大盛りで！
（箭川，席に向かう）
清子
（席に着こうとする箭川を中央に引き戻す）あら，アキちゃん，ちょうどいい！
　これ見て！
箭川
　ん？
　あっせん……

㉑「今度無視すると恐いよ」

　劇では，本人名義で直接届いた文書は無視しましたが，労働局から届いた文書に対しては，無視することに言いしれぬ恐怖を感じたようです。

　人間いい加減なもので，全く同じ内容の文書でも，差出人名義で対応が変わることがあるものです。いい加減と表現しましたが，むしろ当然と言えば当然の反応ともいえるでしょう。

　同様のことは，送られる文書の種類によっても言えるかもしれません。普通郵便で届くものよりも，内容証明郵便で届く文書の方が重く感じられます。こちらは，ある意味当然かもしれません。内容証明郵便は，時効の中断効という法的効果という重みもあります。

　事業所が，逆手にとることもよくあります。

　本人から直接文書で労働関係の請求を受けたとき，弁護士名義，内容証明郵便で拒否する文書を送付するようなパターンです。受け取った側は，事案の内容や本人の性格にもよりますが，事業所の担当者名で送られる文書とは異なる圧力を感じることになります。

　何事も，「何のためにこれをするのか」という目的意識が大切です。文書で何かを請求するのであれば，その文書を読んだ結果，請求に応じなければならないと感じさせることが目的です。

　法律的根拠を明示して理詰めで迫る方法，支払わなければ提訴する方法，弱みを突いて脅す方法（非合法の域に入ってはいけません）等，事案毎に諸事情に応じていろいろと考えられると思います。そして，請求をしたことを証拠として残す目的もあるでしょう。この場合は，内容証明郵便が最も適します。

　従業員が自ら事業所に対して請求する文書は，一般的に，自分が言いたいこと，伝えたいことだけを切々と綴るパターンが目立ちます。それでも結果が良ければ何も問題はありません。しかし，結果が良くなる確率を上げるためには，工夫したいところです。最も簡単で，それなりに効果的な方法は，相手がどう感じるか，という視点だと思います。

（書類をめくりつつ）うーん……1000万円も請求されてるわね。
小川
　ちょっと相談乗ってくださいよー。
　ラーメン大盛りにチャーシュー，ワンタンとか全部のせてサービスしますから。
箭川
　え？
　相談料はラーメンだけ？
小川
　うーん，生ビールと餃子を追加！
箭川
（少し間，突然明るい笑顔・元気な声で）わかりました♪
小川，清子
（ちょっとコケる）
清子
　で，どうしたらいいの？
箭川
　あっせんは，簡単に言うと第三者を交えた話し合いの場よ。
　1000万円の請求だけど，こちらは500万円なら払ってもいい，とか交渉できるのよ。
小川
　何言ってるんですか，1円も払う気ありませんよ。
箭川
　だよね〜
　じゃ，話は終わり！
　まずは生と餃子！
（箭川，また席に向かう）
清子
（箭川を引き戻す）ちょっと待って。
　終わりって，払わなくてもいいの？
箭川

22 「1円も払う気ありませんよ」

　人間は，感情の動物です。イヤなものは，イヤ。好きなものは，好き。理屈じゃないのです。しかし，法律は感情では対応できません。感情で対応できないのに，労働法は「人」の問題であるが故，とても厄介です。

　どんどん話が逸れますが，お許しください。労働裁判は，訴状に始まって，これに対する答弁書，さらに準備書面の応酬が続くしくみです。すべて書面です。残業代請求なら，「苛酷な長時間を強いられた」等との主張があったりします。こんなふうに言われたら，どう思いますか？　本当に苛酷な長時間労働を強いていたのなら，反省して請求に応じるべきでしょう。しかし，「苛酷」という文字が，事業所の琴線に触れます。反論は，「原告の能力不足が長時間労働の原因」とか，「ダラダラと居残っていたに過ぎない」等の話になります。裁判所で，難い文言を使用しつつ，子供のケンカみたいなことをマジメに感情的にやるんですね（笑）。

　解雇事件は，もっと酷い。「誠実に働いてきたのに，突然解雇を通知された」等と主張されます。しかし，事業所側には，本人に非違行為があったか，能力不足または人間性に問題があって雇用継続が困難と判断したか，事案によりますが，とにかく解雇を決断するほどの理由があるのです。反論は，本人の人間性を否定するかのような勢いになることが少なくないのです。

　ここで何を言いたいかというと，労働紛争は，実は裁判には向かない事案だらけだということです。できれば裁判外で，解決したい。けれど，人間は感情の動物ですから，直接交渉はなかなかうまくいかないのです。

　相互に代理人を立てて協議するのもいいでしょう。あっせん制度を活用して協議するのもいいでしょう。このプロセスを経て，それでもダメなときだけ，最終手段として訴訟があると考えるべきだと思います。

　ところで，法律は感情で対応できません，と書きましたが，セクシュアルハラスメントを代表とするハラスメント事案だけは，感情が法律を左右します。性的言動があっても，本人が感情的に不快と思わなければ，法律上セクハラになりません。個人的には，これでいいのか疑問に感じることも多々あるのですが……。

うん，あっせんは本当にそれで終わり。
あっせんは，申し立てられても応じる義務はないのよ。
小川
じゃ，やっぱり無視していいんですね？！
箭川
うん。
小川
(万歳しながら)やったー！
箭川
でも，無視してもなーんにも解決しないよね。
だから，次は労働審判や裁判で訴えてくる可能性があるわ。
小川，清子
(驚いた表情) さ，裁判[23]！
(「さ」で二人顔を見合わせ，「裁判」で二人同時に箭川の方を向く)
箭川
うん。
そうなる前に，なんとかした方がよさそうね。
清子
うーん……
(少し間) で，どうしたらいい？
箭川
ま，とりあえず詳しく事情を聞きましょう。
【そのまま】
(箭川，書類をチェックしたり，清子に質問したりして確認している)
安藤
　箭川社会保険労務士は，明日香の勤務実態について確認しています。
　小川ラーメンには出勤簿やタイムカードもなく，労働時間は主に清子の記憶に頼るしかないようです。
　それから，解雇やパワハラの状況についても確認しました。
　その結果，明日香の請求は，一方的な言いがかりではなく，それなりに根拠がありそうでした。

23 「裁判！」

既述の通り、日本人は基本的に裁判が嫌いです。

古くは聖徳太子の時代、「十七条の憲法」が制定されました。西暦604年ですから、今から1400年以上も前のことです。

その第1条は、有名な「和を以て貴しと為し」です。和が大事なんです。どれくらい大事かというと、第1条の続きでわかります。意訳すると、「争わないことを旨とせよ。人は仲間を作りたがるが、人格者ばかりでない。そのため、紛争が生じたりする。しかし、みんなで議論すれば、自ずから道理にかない、どんなことも成就する」のような感じです。とにかくみんなで話し合って決めなさい、ということです。さらに、第2条以下でもわかります。第2条は、「篤く三宝を敬え、三宝は、仏法僧なり」です。仏教を国教とした時代、仏様を抑えて第1条が「和」なんです。さらに第3条は、「詔を承けては必ず慎め、君を即ち天とし臣を即ち地とす」です。畏れ多くも天皇陛下の規定で、天皇は天で、国民は地とされています、が第3条です。

ちなみに、「十七条の憲法」は、その名の通り第17条まであるのですが、第17条はあまり知られていません。第17条を意訳すると、「物事は独断してはならない、必ずみんなで協議せよ」と第1条の繰り返しのような内容を最後の条文に置いているのです。それほど「和」が大切で、協調性を求めているのです。

ここで裁判の話に戻しますが、裁判は、たった一人が訴えて、大企業を相手に勝訴判決を得ることもできる制度です。個人の権利主張が、協調性や公の利益よりも優先されたりします。特に戦後、一部ではこのような紛争がもてはやされたりもしたようです。

しかし、多くの日本人は、個人の権利主張よりも、協調性や公の利益を重く受け止める傾向にあると思います。だから、自分の権利のことばかり言うような人については、感情的に許せなかったり、とにかく嫌いなんです。仮に法律上は認められる主張であっても関係ありません。周囲に迷惑がかかるのであれば、それは道義上許されないのです。そして、それが日本人だと思います。ということで、裁判は嫌いなんです。

【そのまま】
箭川
(席について書類を見ていて，そのまま振り返って話す)
　最初に不払い残業代だけど，300万円くらいありそうだわ……
小川
　げっ。
清子
　ほんとに300万円もあるの……
箭川
　うん。
清子
　残業ほとんどなかったのに，何でそんなことになるの？？
箭川
　1日8時間を超えたら，割増賃金[24]を払わなきゃダメなのよ。
小川
　でも，ちゃんと最初に残業代込みで給料決めて，本人も納得してるんですよ。
箭川
　本人と約束しててもダメ。
小川
　約束しててもダメなんですか……
箭川
　例えば，時給100円って約束したら，認められると思う？
清子
　そりゃ，最低賃金とかあるからダメでしょ。
箭川
　そうなのよ。
　労働時間とか給料とかは，本人との約束よりも，法律が優先されるのよ。
小川
　はあ……
箭川

24 割増賃金

　労働基準法は，法定時間外労働，法定休日労働，深夜労働に対して，通常の賃金単価を基礎として計算した割増賃金の支払いを義務づけています（労働基準法第37条）。種類によって割増率が異なりますので，少しややこしいです。さらに，割増計算の基礎となる通常の賃金単価についても，基礎に入れるもの，入れないものがあり，ややこしいです。

　法定労働時間（原則として，1週間40時間または1日8時間）を超える時間に対しては，2割5分増です。但し，法定時間外労働が1カ月あたり60時間を超えるときは，超えた部分は5割増となります。ただ，資本金等または従業員数が一定数以下の中小事業の場合は，平成31年3月まで60時間超過の5割増は適用されない予定です（労働基準法第138条）。小川ラーメンも適用除外です。

　法定休日（毎週1日，または4週間を通じて4日）の労働時間に対しては，3割5分増です。法定時間外で，かつ，法定休日労働の場合も3割5分増です。

　深夜（22時から翌5時まで）の労働時間に対しては，2割5分増です。仮に法定時間外労働が深夜に及んだ場合は，両者を合計して原則5割増となります。深夜労働割増賃金だけ，イメージは加算するような感じです。また，労働基準法上の管理監督者に対しては割増賃金支払いの必要がありませんが，深夜労働割増賃金だけは支払義務があります。

　割増計算の基礎となる賃金は，「原則全部」と考えてください。例外として除外できるものが，①家族数に応じて支払われる家族手当，②通勤に要する費用補塡を目的とする通勤手当，③住宅費用負担に応じて支払われる住宅手当，等です（別途，別居手当，子女教育手当，臨時に支払われる手当，1カ月を超える期間ごとに支払われる賃金があります）。

　ちょっと気にしておきたいのが，賞与です。支給の都度，評価等の結果で賞与額を定めていれば問題ありません。逆に，あらかじめ支給額が確定している場合は，年間支給額を12分割した額を月額とみなして割増賃金計算基礎に算入しなければならなくなります。要注意です。

それと……解雇も，負ける可能性が高そうね。
清子
でもアキちゃん，明日香ちゃんが先に「辞めたい」って言ったんよ。
箭川
そうね。
でも「クビだ，クビ！」とか言って，最後は「出ていけ」でしょ。
そりゃ厳しいよ。
清子
やっぱりそうよね……
小川
箭川先生，証拠もないし，「言ってない」って言い張ったらどうでしょうか？
箭川
そんなこと言うなら，私は相談には乗れないわ。
清子
ちょっと，あんた！
アキちゃん，ごめん。
ちゃんと真面目にするから。
小川
すんましぇん。
じゃ，「言ったけど，冗談に決まっているじゃないですか」ってのはどうでしょうか？
清子
（呆れた表情）アキちゃん，この人は無視して。
箭川
うん。
解雇無効になったら，解雇後の期間の給料も全部払わせられるし，ちょっと大きな金額になりかねないんよ。
それから，ハラスメントは，完全に負け。
小川
（小川，驚いた表情で箭川を見る）え？

㉕「「言ってない」って言い張ったら」

　悪い奴ですね〜（笑）。

　しかし，裁判になれば，このような悪人がごろごろ出てきます。さすがに「言ってない」と断言すると，虚偽になりかねません。そこで出てくる言葉が，「覚えていません」です。

　裁判は，当事者が認めた場合や確実な証拠があるものを「事実」と認定し，その事実だけを考慮して判断する手法がとられています。即ち，自分にとって不利な事項について，相手方に証拠がないときは，認めるのか，認めないのかという話になります。ここで，本当は事実だとしても，平然と「覚えていない」とかぬかすのです。許せませんね〜。そういえば昔，「記憶にございません」と証言台で震えながら言った人がいましたね。

　あっせんの場合，裁判じゃありませんから，事実認定はありません。当事者の主張が食い違っている場合，あっせん委員は，内心では「こっちは嘘をついているな」とか思っても，別にどうでもいいのです。要は，原則として金銭解決を目指すわけですから，「言った，言わない」は置いておき，「さていくらで和解しましょうか」という流れになるのです。

　これが裁判だと，和解が成立しない限り基本的に判決ということになるから大変です。「言った，言わない」は事実として認定されないことになるか，または裁判官が「信用できる（できない）」等として判決に考慮するのか決めることとなります。これが重要な鍵を握ることも多いのですが，事実認定されなかった結果，それこそ真実とは全く異なる判決となることもあり得るわけです。

　特に事業所は，このことをよく認識しておく必要があります。従業員が，ある非違行為を認めたとしても，後日「認めた覚えはない」と言い出したとき，どうなるでしょうか？　「証拠はあるのか」という話になってしまうのです。基本的に，口頭で認めたからといって，安心してはいけないのです。非違行為をした従業員は，悪い奴なんですから（笑）。

　このあたり，従業員側の方が進んでいると感じます。イヤな話をされるときは，密かに録音している者の多いこと，多いこと。社長さん，よその話と思ってたら，いつか痛い目に遭いますよ！

箭川
　いくらかの慰藉料支払いは仕方ないわね。
小川
　でも先生、「従業員には言うべきことは言え」って言ってたやないですか。
箭川
　そりゃ言ったけど、ブスとかバカとか言っていいわけないでしょ。
小川
　でも業務上の必要性で、事実を指摘しただけですよ。
箭川
　そりゃダメよ。
　業務上ブスとかバカって言う必要性があるわけないじゃない。
　人にもよるけど、そんなこと言われたら傷つくわよ。
　相手を傷つける言動が、パワハラになるのよ。
小川
　そうか……
箭川
　それに、以前明日香ちゃんから聞いたわよ。
　深夜にピンポンダッシュしたんだって？
小川
　う、ばれてたのか……
（ここで少し間）
清子
　それで、結論として、明日香ちゃんにはいくらくらい払う必要がありそう？
箭川
　一概には言えないけど……500万以上になるかも。
小川，清子
　ご、500万！【ショックを受けた音】
小川
　なんとかしてくださいよ。
　うちはラーメン1杯500円ですよ。

26 「いくらくらい払う必要」

　退職した従業員等から，労働関係で何らかの請求を受けたときの事業所（経営者）の気持ちを考えてみたいと思います。事件毎の背景，諸事情によって，また，経営者個人の性格によって大きく異なりますが，あくまでも参考例だという認識でお願いします。

　まず，労務管理が滅茶苦茶な事業所の場合。いわゆるブラック企業だったりもするかもしれません。しかし，労務管理が滅茶苦茶な事業所に限って，どのような背景だろうと「激怒」するケースが多いように感じます。もともと，日本が法治国家であるという認識に欠けているのです。そして，このような事業所に限って，自社が法的に認められる立場のときは，最大限に法律を振りかざしたりするものです。手に負えません。

　ところが，最近の世の中は，事業所側に特段大きな問題がない中で，問題のある従業員から客観的にも言いがかりとしかいえないような請求が増加しているのです。もちろん，普通の事業所は，怒ります。奇特なお方は，反省します（笑）。いずれにしても，紛争解決のため，どのような方法があるかを確認することになります。次に，紛争解決のため，いくらくらいかかるのかが気になります。この「いくらかかるか」は，事業所側の最大関心事といって過言ではないでしょう。いくらかかるかは，わかりません（笑）。じゃ，だいたいいくらくらいかかるか，ということになります。

　事案によりますが，結構大きな幅があります。極端な例をいえば，解雇無効と訴えられた場合，解雇有効の判決を得れば，弁護士費用等を除いてかかる費用は原則０円です。しかし，敗訴すれば，本人の賃金等にもよりますが，数百万円から千万単位でかかってくることもあるわけです。そして，解雇が有効となるのか無効となるのか，事前にある程度の予想はできても，裁判官がどう判断するかは別問題です。

　パワハラの慰謝料等も似ています。パワハラと認定されなければ費用はかかりません。認定されれば慰謝料支払いとなりますが，いくらなのか，これが難しい。

　残業代請求なら，時間数でなんとなく想像がつきますが，解雇やハラスメント事件の場合，専門家も迂闊に回答し難い背景があるのです。

500万って，100杯分じゃないですか。
清子
　あんた計算違うよ。
　1万杯分よ。
小川
　い，1万杯！
　絶対ダメ！
　絶対払えない！
　無理！
　箭川先生，なんとかしてください！
箭川
　そうね……
　もしかしたら有利な条件で解決できる可能性もあるし，とりあえずはあっせんに応じた方がいいと思うよ。
小川
　よし，そうしてください！
箭川
　了解。
（元気よく，手を挙げて）私が代理人[27]になりましょう！
小川・清子
　お願いします！
清子
　ところで，明日香ちゃんが頼んでる柴田社会保険労務士ってどんな人？
箭川
　柴田先生はね，すっごくキザだけど，本質はただのエッローいオヤジよ。
清子
　キザなエロオヤジ，感じ悪っ。
（少し間）
箭川
　じゃ，今日はここまで。
　まずは生と餃子！

27 代理人

　紛争事件の代理人と言えば，弁護士です。弁護士法第72条は，訴訟に限らず，非訟事件，審査請求，異議申立，行政庁に対する不服申立事件その他一般の法律事件に関して鑑定，代理，仲裁，和解その他の法律事務は，弁護士しか取り扱えないと規定しています。

　例外もあります。「報酬を得る目的」，「業として」取り扱うのはダメだと規定しているので，報酬を得ず，業として行わないのであれば，問題ないことになります。例えば，夫が訴えられたときに，妻が代理人となることは可能なのです。もちろん，知識や経験等の問題がありますから，普通は代理人にならないと思いますが。

　もう一つの例外が，弁護士法第72条但書「この法律又は他の法律に別段の定めがある場合は，この限りでない」というものです。別の法律とかで「やっていいよ」と規定されていればOK，という意味になります。

　個別労働紛争は，立派な法律事件です。弁護士法第72条だけなら，弁護士でなければ代理人になれません。しかし劇では，あっせん当事者の両方とも，社会保険労務士が代理人になっています。その根拠は，社会保険労務士法に，個別労働紛争あっせんの当事者の代理人業務について規定があるからです。

　ただちょっとややこしくて，社会保険労務士なら誰でもOKではありません。特定社会保険労務士に限ってOKとされているのです。では，特定社会保険労務士とは？　となりますね。これは，社会保険労務士のうち，紛争解決手続代理業務試験に合格して，登録した者です。

　この試験，難しいのか？　平成18年から毎年行われていますが，合格率は概ね60〜70％です。100人受験して60〜70人が合格するわけですから，決して難しい試験ではありません。その前に，社会保険労務士になるための試験の合格率が概ね7〜8％であることと比較すると，合格率は約10倍です。もちろん，社会保険労務士試験に合格した者だけが受験して60〜70％しか合格しないと考えると，少し難しいのかもしれません。しかし，労働紛争に精通していなければ合格できないほどのレベルの試験ではない，というのが現実です。

小川，清子
　　はい！

第 六 幕

【暗】
安藤
　　箭川社会保険労務士は，福岡労働局にあっせんに応じる旨通知しました。
　　その後，答弁書も提出しました。
　　1カ月ほど経過して，あっせん期日を迎えました。
　　あっせん室にて，あっせん委員の田上隆一，労働局職員で書記官の仲家淳彦が待っています。
　　当事者は，それぞれ控え室に入っています。
【明】
田上（めんどくさそうな表情で独り言）この徳永って申立人，1000万払えって，なかなかがめつい奴ですね。
　　うん？
　　この小川ってラーメン屋，残業代払わないわ，パワハラするわ，挙げ句の果てにはクビ，こっちはこっちでやりたい放題ですねぇ。
仲家
　　ハハハ
　　先生，もうすぐ申立人が入ってきますよ。
　　独り言は，小さな声がいいですよ。
　　ホホホ。
【ノックの音コンコン】（徳永，柴田，あっせん室に入る）
徳永，柴田
　　こんにちはー。
田上
　　こんにちは。
　　あっせん委員の田上です。
仲家

㉘ あっせん委員

あっせん委員の役目は，中立の立場で個別労働紛争当事者の話を聞き，あっせん案を提示して和解を目指すことです。では，あっせん委員には，どのような人が就任するのでしょうか？

個別労働紛争のあっせんには，労働局の紛争調整委員会によるあっせんと，社会保険労務士会の紛争解決センターによるあっせんがあります。それぞれ，あっせん委員の選任に違いがあります。

紛争調整委員会のあっせん委員には，大学教授と弁護士が選任されます。社労士会労働紛争解決センターには，特定社会保険労務士と弁護士が選任されます。いずれも福岡の場合の話です。

あっせん委員は，事前に申立人が提出した申立書と，被申立人が回答した答弁書を確認して，あっせん期日を迎えます。多くの場合，主張がかけ離れていて，和解成立は困難に思えるような内容ばかりです。しかし，被申立人はあっせんに応じる義務がないにもかかわらず，応じたからあっせんが開催されるのです。そうです。申立人も被申立人も，あっせんにおいて紛争解決することを望んでいることは間違いないのです。

そして，あっせん委員の役目があります。役目は「和解を目指すこと」です。ただ単に双方の話を聞いて，無理だと思えばさっさと打ち切ればよいというわけではありません。あっせん委員も人間です。あっせん委員として関与する以上は，心情的にもなんとしても和解成立で終わりたいのです。

申立人，被申立人，あっせん委員の三者が，あっせん舞台の出演者です。そして，すべての出演者が，和解成立を望んでいるのです。解決しないわけがありません……と言いたいところです。実際に，高い割合で和解が成立します。あっせんが開催されれば，概ね3分の2くらいが和解成立しています。

私も社労士会労働紛争解決センター福岡のあっせん委員を務めていますが，和解成立すれば必ず申立人，被申立人の双方から感謝されます。役得です（笑）。

記録係の仲家です。
徳永
　　こんにちは。
（田上を睨みながら）がめつい徳永です。
（田上，ビクッとするも，何事もなかったかのような態度）
（仲家，田上と徳永を交互に見て，最後は田上の態度を上から下まで見る）
柴田
　　代理人社会保険労務士の柴田です。
田上
　　ま，おかけ下さい。
（みんな座る）
田上
　　申立書読みましたが，大変でしたね。
　　うん，クビになって良かったんじゃないですか？
徳永
　　え？
柴田
　　いやいや，良くないですよ。
　　職を失って，今後の生活が不安ですから。
田上
　　でも，続けてもパワハラに遭うんでしょ？
　　本日解決できるよう，お手伝いさせていただきたいと思います。
徳永・柴田
　　宜しくお願いいたします。
田上
　　まず徳永さんは，職場復帰したいですか？
　　ここで職場復帰を放棄した方がいいですよね？
徳永
　　はい，別に戻る気はありません。
　　職場復帰しなくて構いませんから，お金をたっくさん欲しいです。
田上

㉙「職場復帰を放棄」

　解雇事件において，労働者側は解雇無効を主張します。解雇が無効ということは，「労働者」という身分（地位）が継続している，という主張になります。労働者の身分が継続していると主張しつつも，実際に解雇された日から出勤していないではないか，という話になります。ここは労働者有利に判断されますが，原則として，解雇によって出勤できない状況を余儀なくされた，という立場になるわけです。

　解雇事件について，結論が出るのであれば，労働者が職場復帰するか，または解雇が有効であるか，どちらかということになります。実際，訴訟の判決は，基本的にこのどちらかです。しかし，判決ではなく和解が成立する場合は，ほぼ全件が退職を前提とする金銭解決で終了します。もちろん，職場復帰を認めることで和解成立するケースもあるのですが，非常に珍しい例だといえます。

　実際に，解雇された労働者が，解雇した事業所に本気で復帰したいと願うでしょうか。中には本気で願う人もいるでしょうけれど，多くは大企業の正社員等の場合で，中小企業では本当にレアだと思います。このように，多くのケースは，職場復帰する意思がないのに解雇無効（労働者の身分がある！）と主張しているのです。

　一方，解雇した事業所も，理由があって解雇したはずです。解雇ですよ。現代において，そう簡単に解雇する事業所はなかなかありません。解雇までした労働者が職場復帰したいと言ってきても，受け入れ難いものがあることは当然です。

　以上のように，解雇事件における和解は，ほとんどの場合において最初から職場復帰を前提として協議することがありません。しょせんカネですが，金銭解決が前提とならざるを得ない背景があるのです。

　以前から話が出ては消えていき，いまだ制度化されていない「解雇金銭解決制度」。労働者側は金さえ払えば解雇できるのがケシカランと言っているようです。しかし，世の中の実態に照らすと，それなりの合理性があるといえそうです。

ですよね〜，世の中お金です。

実際，どんなふうにクビになったんですか？

柴田

ええ，仕事中にトイレに行って，戻ってきたらいきなりクビって言われた上，「出て行け」って怒鳴られたのです。

田上

そりゃまた豪快ですね。

いきなりですか。

徳永

はい，いきなりです。

田上

そりゃ，職場復帰しない方があなたのためにも良さそうですね。

1000万円の内訳が，えっと……

（書類を見ながら）不払い残業代が300万ってことですが，記録とかあるんですか？

柴田

時間の記録がないんですよ。

でも，だいたい10時から23時まで拘束され，休みも週1日㉚ですから，それなりに計算しています。

田上

ところで，小川ラーメンの答弁書には，休憩時間が1日3時間って書いてありますが，休憩はどんな感じでしたか？

徳永

3時間とれる日なんかありませんよ。

お客さん次第です。

1時間とれればいい方でした。

田上

タイムカードとかないようでしたが，休憩時間の記録もないですよね？

徳永

はい，何もないですよ。

田上

㉚「10時から23時まで拘束され，休みも週１日」

　さて，気分転換に２年分の未払い残業代の計算をしてみましょう。
　細かいことは抜きに，ざっくりといきます。
　前提は，１年365日ずっと労働時間10〜23時，休憩１時間，週１日休み，月給15万円です。

10〜23時で休憩１時間⇒１日12時間労働
週１日休み⇒週６日労働
以上から，１週間の労働時間は，「12時間 × ６日 ＝ 72時間」です。
１週間の残業時間は，「72時間 － 44時間 ＝ 週28時間」です。
　※時間外が月60時間を超える勢いですが，中小企業特例で無視します。
このうち22〜23時の１時間は深夜労働です（週６時間）。

ざっくりいきます。
１年52週間として⇒【28時間×52週×２年分＝総残業時間2912時間】
同じく，【６時間×52週×２年分＝深夜624時間】

　月給制の時間単価は，年間平均の１カ月あたり所定労働時間数で決まります。毎週44時間，年52週なので，総所定労働時間は2288時間。これを１カ月あたり12で割ると，190時間40分です。
　１時間単価は，【15万円÷190時間40分≒786円71銭】

　法定時間外労働割増賃金⇒ 2912時間 × 786円71銭 × 1.25 ＝ 286万3625円
　深夜労働割増賃金⇒624時間 × 786円71銭 × 0.25 ＝ 12万2727円
　未払い賃金総額⇒ 286万3625円 ＋ 12万2727円 ＝ 298万6352円

　劇で申立人が主張している額の300万円は，このようなざっくりとした計算によるものです。

じゃ，立証はできませんね。
柴田
そりゃ，立証できれば労働基準監督署に言いますよ。
田上
そうですね。
ここはあっせんですから，300万円から一歩も譲らなければ，相手側だって応じませんよ。
いくらくらいまで譲歩できそうですかね？
柴田
うーん……
徳永
せめて，200万円くらいになりませんかね？
(柴田，横で「あちゃー」という表情)
田上
おっ！　いいですね。
そういう話をしていただくのが，あっせんなんです。
もちろん，相手方が乗ってくるかどうかは別問題ですけどね。
徳永
なるほど。
じゃ，1000万円請求ですが，ぶっちゃけ全部で……
柴田
(横から制止するような感じで話に割り込む)
譲歩しても800万円までかなと思います。
田上
そうそう，そういう感じです。
でも，もうちょっと行けませんか？
柴田
いやいや，もともと請求額が妥当な額なのです。
裁判やれば，800万円以上認められ，さらに残業代には付加金[31]も加算されると考えております。
田上

③1 付加金

付加金とは，事業所に対する制裁的な課金制度だと考えていただくとわかりやすいと思います。根拠条文を確認します。

> 労働基準法第114条（但書を除く）
> 　裁判所は，第20条，第26条若しくは第37条の規定に違反した使用者又は第39条第７項の規定による賃金を支払わなかった使用者に対して，労働者の請求により，これらの規定により使用者が支払わなければならない金額についての未払金のほか，これと同一額の付加金の支払を命ずることができる。

　第20条は解雇予告手当，第26条は休業手当，第37条は残業等に対する割増賃金の規定です。第39条は年次有給休暇取得に対する賃金支払いの規定です。解雇予告手当は概ね月給１カ月分，休業手当は休業させた期間の給与の６割，年次有給休暇は取得した期間の賃金です。付加金の額は，「これと同一額」ですから，同じ額です。例えば，月給30万円の労働者を解雇予告手当を支払わずに即時解雇して訴えられたら，約30万円の解雇予告手当に加えて付加金30万円の合計60万円支払を命ぜられる可能性があるという話です。倍です，倍。
　仮に未払い残業代が300万円だとすると，付加金も300万円で，合計600円の支払い命令となる可能性があるという話になります。これは事業所にとってあまりにも恐ろしい規定といえます。
　条文を読むと，「裁判所」が「命ずることことができる」となっています。裁判外のあっせんでは，基本的に付加金は関係ありません（裁判所で行われる労働審判も付加金支払いを命じません）。といっても，訴訟になったら恐いという圧力を感じさせる力はあります。また，裁判所は「命じないこと」もできるわけです。判決前に支払っていれば命じませんし，判例を見ていますと様々ではありますが，支払っていなくても当初からそれなりに合理的な額の支払いに応じる姿勢をみせている場合等も命じないようです。また，「同一額」でなく，「５割相当額」等を命じることもあります。

そうですか……
パワハラは，どういう感じでしたか？
徳永
もう，大将はいっつも私をいじめるんです。
だいたい毎日10回以上，ブスとかバカとか言われてました。
田上
毎日10回以上！
徳永
そうですよ。
いつも「バカにバカって言って何が悪い」って開き直ってるんです。
田上
<u>バカにバ̈カ</u>ですか……
徳永
そうですよ。
それに小学生のガキみたいにくだらないイタズラばっかりするんです。
田上
例えば？
徳永
うーん，多すぎて……
例えば，まかないを出してくれるんですが，玉子の代わりに白いゴムボールを入れていたり，割り箸をボンドでくっつけてたり……
田上，柴田
え？
徳永
他にも，トイレに入ってたらドアの外に重い物をたくさん置いて出られなくしたり……
田上
クソガキですね。
徳永
そうなんです。
（ほほえみながら）それも本当に楽しそうにやるんです。

32 「バカにバカ」

　子供の頃，母から，「バカにバカって言ったらダメでしょ！」と叱られたことがあります。冷静に考えると，母は私が「バカ」と言った相手のことを，バカだと思っていたことになります（笑）。

　最近の労働紛争で目立つのが，パワハラです。もろにパワハラをメインとする紛争も多いのですが，「解雇＋パワハラ」，「不払い残業代＋パワハラ」のような感じで，もれなくついてくるような事案が増えたように感じます。

　これだけ世の中にパワハラという言葉が浸透し，事業所もパワハラ対策等の措置を講じているのに，何故パワハラ紛争が増加するのでしょうか。

　理由の一つに，「バカにバカ」と言っていることが挙げられると考えます。言い換えると，仕事のミスに対する注意，仕事ができない者への指導，協調性がない者への改善要請，等です。ミスが多い人は，同じミスを繰り返します。だから，注意する側も嫌気が差します。「何回同じことを言わせるんだ！」となります。仕事ができない者への指導は，どんなに頑張っても報われません。指導する側の怒りにつながり，余計な発言を誘発する環境を整えます。協調性がない者は，組織に向きませんし，基本的にみんなから疎（うと）まれています。指導する者も，嫌っている相手なのです。つい表情や，発言の端々に，何かが現れます。これらが後日，パワハラと指摘されることになりかねないのです。

　バカにバカと言うと，本人が深層心理で気にしていることだけに，普通の人にも増して激しく怒る可能性があります。これと同じで，仕事のミス，仕事ができない，協調性がない等のことを指摘されることは，本人にとっては「とてもイヤな出来事」なのです。このイヤな出来事の中で言われた台詞は忘れません。思い出す度に怒りが増幅します。わずか数日で，「怨み」に変わります。それでも，酷いパワハラとまではいえません。だから，他の事案の紛争に，おまけに付けるのです。

　再度，確認します。ミスが多い人，仕事ができない人，協調性がない人。これらの人に注意指導する立場の人は，落ち着いて，十分に注意しながら事に当たらなければ，後ろから矢が飛んでくるのです。

田上
　徳永さん，なんか嬉しそうにみえますが。
徳永
（真顔に戻って）嬉しいわけないじゃないですか！
　悔しいに決まってます！
田上
　わかりました。
　ざっくりですが，全部で800万[33]なら和解してもよいというお気持ちですね。
徳永
　はい。
　それでお願いします。
田上
　わかりました。
　じゃ，そろそろ交代して相手方の話を聞いてみたいと思います。
徳永，柴田
　お願いします。
（徳永，柴田，あっせん室より退室）
【ノックの音コンコン】（小川，箭川，あっせん室に入室）
小川，箭川
　こんにちはー。
田上
　こんにちは。
　あっせん委員の田上です。
仲家
　記録係の仲家です。
小川
　こんにちは。
　小川ラーメンです。
箭川
　代理人社会保険労務士の箭川です。
田上

㉝「全部で800万」

　劇の申立人の主張は，未払い残業代300万円，解雇補償360万円，パワハラ慰藉料300万円，労災保険未加入慰藉料40万円で，合計1000万円でした。

　しかし，あっせん委員は，解雇，残業，パワハラについて少し確認しただけで，労災保険未加入については全く話題にも出ないまま，全部でいくらなら和解可能かを聞き出そうとしています。これこそあっせんです。

　裁判じゃないので事実認定は要りません。事実（らしき事項）を全く無視するわけではないのですが，事実がどうであるかよりも，和解成立を模索することの方がはるかに重要なんです。

　申立人は1000万円の支払いを求めていて，被申立人はできるだけ支払を抑えたい。この当然の前提から和解成立させるためには，相互に譲歩させることが必要不可欠です。あっせんは，基本的にわずか2～3時間で結論を出さなければなりません。しかも，できれば和解成立で紛争解決を目指すのです。だから，あっせん委員は，かなり早い段階からどこまで譲歩可能かを探る必要があるのです。

　少し大げさに言えば，請求の内訳もどうでもいい（笑）。とにかく全部でいくらまでなら請求額を引き下げてよいか，また，いくらまでなら支払ってよいか，このことだけは重要度が別格なのです。

　あっせんで800万円というと，かなり高額な部類に入ります。しかし，あっせん委員は，「どうも残業代は300万近くはあるようだし，解雇も有効とは言い難い。パワハラはあるようだけど，特に精神疾患が発症したような事実はなさそうだ」と考え，内心はわかりませんが，400万～600万円くらいを解決相場とみた局面ではないでしょうか。

　しかし，まだ被申立人とは話していません。どこまで支払う覚悟なのかほとんど読めません。ひとまず申立人に少し譲歩させ，被申立人との話し合いに臨もうとしたのではないかと思われます。

　当事者は，和解を望んでいます。そして，裁判が嫌いです。だから，細かいことは抜きにして，とにかく相互の譲歩を引き出して解決させるのがあっせん委員の役目なのです。

ま，おかけください。
（みんな座る）
田上
　小川さん，やりますねぇ[34]。
小川
　何ですか。
　何をですか？
田上
　毎日嫌みたらしくブスとかバカとか言ってたんでしょ。
小川
　毎日やったかな，どげんかな……
田上
　「1日10回以上言われた」って言ってましたよ。
小川
　そんなに言ってませんよ！
　1日3回くらいですよ！
田上
　1日3回って，すごいですよ。
　1日3回なら1カ月で（仲家：75回），半年で（仲家：450回），2年で（仲家：1800回），1800回も言ってる計算じゃないですか。
小川
　いや，それは……
田上
　でしょ～。
　それから，子供のようなイタズラがお好きとか。
　毎日1～2回何かされたって言ってましたよ。
小川
　いや，あの，その……
田上
　1日平均1.5回として，1カ月で（仲家：37.5回），半年で（仲家：225回），2年で（仲家：900回），900回も変なイタズラしている計算ですよ。

㉞「小川さん，やりますねぇ」

　あっせん委員の発言としては，あまり好ましいものではないですね。言われた者にとっては，少なくとも気持ちのよい言葉ではありません。

　あっせん委員には，既述の通り大学教授，弁護士，特定社会保険労務士等が選任されています。そして，あっせんが開催される毎に，誰かが担当としてあっせん委員になるのです。

　労働局紛争調整委員会のあっせんの場合，あっせん委員として立ち会うのはわずか1名です。大学教授だったり，弁護士だったりします。社労士会労働紛争解決センター福岡の場合，あっせん委員は3名で，弁護士1名，特定社会保険労務士2名で構成されます。ちなみに劇のあっせん機関は，あっせん委員が1名だけであることから，労働局型ということになりますね。脚本監督が社会保険労務士で，しかも社労士会労働紛争解決センターの副所長を3期6年務め，かつ，あっせん委員を2期務めているのに何故こうなっているのでしょう？　答えは実に簡単で，社労士会型にすると，役者数が一気に増えてしまうからです（笑）。

　話を戻します。人間にはいろいろな人がいますが，それはあっせん委員だって同じです。私自身，あっせんの被申立人側代理人として何度も期日に出席した経験がありますが，あっせん委員によって本当に大きく異なります。

　個人的な考えですが，あっせん委員は中立的な立場ですから，少なくとも事業所側に対して法違反を責めるような発言をするあっせん委員は失格だと思います。そもそも事実認定をしないのですから，違法だと断じること自体が問題です。このような経験から，社労士会労働紛争解決センター福岡のあっせん委員研修や，あっせん期日の立会時には，とにかく当事者を責めないよう，中立的立場であることを忘れないよう話をさせていただきました。

　理想のあっせん委員像は，当事者双方から自分側の立場を考えてくれていると感じさせ，結果として和解成立させ，そして当事者双方から感謝される，という感じです。

小川
　うぅぅ……
田上
　それと，トイレから戻ってきたらいきなりクビだ，出て行けって言ったんでしょ。
小川
　それは違いますよ！
　徳永が辞めるって言ったから，いいよって言っただけです。
田上
　本当にクビだとか出て行けとかは一切言っていないんですか。
小川
　イヤ，少しだけ言いましたけどね，それは言葉のアヤですよ。
田上
　わかりました。
　いきなりクビにして追い出したんですね。
小川
　違います！
　間違いなく，徳永が先に辞めるって言って，それならついでだからクビにしただけです。
田上
　どうついでなのか意味がわかりませんが，ま，いいでしょう。
　残業代は，箭川先生はどう考えますか？
箭川
　はい。
　固定残業代として払っていたようですが，若干不払いがあるように思います。
田上
　は？
　固定残業代？
　賃金台帳は？
箭川

㉟「本当にクビだとか出て行けとかは一切言っていないんですか」

　あっせん委員は，事実認定をしません。しかし，全く何もなければ，解決金の相場を提案するのが困難です。特に解雇事案については，そういえます。

　大げさなたとえですが，運送会社のドライバーが就業時間外に飲酒運転をして事故を起こして解雇されたとします。そして，あっせんを申立て，「解雇は酷い。給料1年分の補償を求める」と言っているとします。誰がどう見ても，このドライバーに非がありますね。

　あっせん委員は，解雇は有効だと考えますが，裁判官ではないので解雇有効と判示して終わるわけにもいきません。そこで，ドライバーに対しては，提訴しても認められる可能性は限りなく低いという話をします。

　会社側にも同様の話をしますが，これに加えて，「もし本日解決しなかったら，ドライバーが提訴する可能性が考えられます。解雇は有効と判断される可能性が高いと思われますが，時間や弁護士費用等がかかってきます。本日和解成立すれば，これらはすべて避けられます。このために，いくらまでなら支払えますか？」のようなことを尋ねるかもしれません。仮に運送会社側が3万円だけならと回答すれば，あっせん委員はドライバーに対して3万円で和解するよう必死に説得するでしょう。

　逆の大げさな設定として，社長が女性社員を食事に誘ったところ断られ，その場で解雇した事案だとします。これが事実なら，解雇が無効であることはほぼ間違いありません。あっせん委員は，それなりの額での和解成立を念頭に話を進めると思われる局面です。しかし，社長側が「食事に誘った覚えはない」とか主張していたらどうなるでしょうか。それなら何で解雇したのかという問題もありますが，ひとまず置いといて，解雇の酷さのレベルが半減しちゃいますね。

　以上のように，事実認定はしないものの，あっせん委員の心証として，この解雇が有効なのか無効なのか，また，同じ無効であってもどれだけ酷い解雇なのか等は，ちょっと必要なのです。劇の「クビだ！」，「出て行け！」は，申立人が主張しているだけで，証拠があるわけでもありません。ここは，事実認定しないとしても，ちょっと確認する必要があるのです。

（不自然に明るく）ありません♪

田上

ありませんって，違法ですよね。

その前に，全部で月15万なのに，固定残業代があるわけないでしょ！

箭川

はい，あるわけないですね。

賃金台帳だけじゃなく，出勤簿も労働者名簿もなーんにもありません♪

田上

じゃ，本件が裁判とかなったら，相当やばいですね。

箭川

（急に深刻な顔）そうなんです。

だから，今日あっせんで和解したいと望んでいます。

田上

うんうん，ぶっちゃけいくら払えますか？

箭川

不払い残業代が100万円，パワハラ慰謝料10万円。

全部で110万円です。

田上

はぁ？

本気でそれで和解できる可能性があると考えているんですか？

箭川

はい，小川さんは，いつも神社清掃奉仕活動をしている立派な人です。

今朝もきちんとお詣りして，祈願してますから。

（【鈴の音など】小川立ち上がって二拍手一礼）

田上

そうですか。

そんな立派な人が，小学生のようなイタズラをすると聞いてますが。

小川

うっ。

田上

実はですね，相手方は1000万の請求でしたが，800万円ならと妥協してい

㊱ 固定残業代

　固定残業代とは，あらかじめ一定の時間外労働を見込んで，一定額の時間外手当を固定額で支給することをいいます。特徴は，実際に時間外労働が少ない場合も，固定額支給が保障されることです。

　平成14年頃の話ですが，ある労働基準監督官が，私が届け出た就業規則を見て，「固定残業代制度を採り入れる事業所側のメリットがわからない」と言っていたことを思い出します。この労働基準監督官の言うことは，法律上正しいと言えます。何故なら，残業代は，残業した分だけ支払えばいいのに，わざわざ一定額の支給を保障するからです。固定残業代が30時間分とすれば，残業が10時間でも30時間分を支払うことになります。さらに，残業が45時間であれば，15時間分は不足するため追加支給が必要となります。監督官が漏らしたとおり，全くメリットがないのです。

　それなのに，何故固定残業代が流行っているのでしょうか。

　理由は大きく分けて2つです。1つは，もともと「込みで〇〇円」という給与制度だったところ，そのままでは法的に認められないため，あるときを境に具体的な内訳を作るという流れです。この場合，事業所にとっては今までと変わらないし，デメリットはありません。強いて挙げれば，実際の残業時間数が固定残業代を超えたときに追加支給が必要となることでしょうか。ただ，これはデメリットというよりも，それまで支払っていなかったことが違法なだけと言えます。

　もう1つは，採用時の給与額を高く見せたいという思いです。固定額20万円とするよりも，25万円の方が見た目が良く，優秀な人材確保につなげる期待です。確かに数年前までは有効な手法だったと思います。しかし最近は労働者側もよく理解しており，逆に固定残業代の存在だけでブラック企業ではないかという感覚を持つ人すら出てきている始末です……。

　固定残業代を設定する場合，①法定時間外上限時間である月45時間を超える設定をしないこと，②固定残業代を超える時間外があったら，確実に差額を支払うこと，③実態の残業見込みとあまりにもかけ離れた時間数設定としないこと，等には気をつけたいです。あと，固定残業代が何時間分であるか，あらかじめ明示しておきたいところです。

るんですよ。
　小川さんも，一気に妥協しませんか？
　800万円ならすぐに解決ですよ。
小川
　800万円とか絶対無理です。
　そんなお金あるわけないですよ。
田上
　箭川先生，相手方には言いませんから，正直裁判になればいくらくらいもっていかれると考えてますか？
箭川
　それはお答えしかねます。
田上
　ま，いいじゃないですか。
　ところで箭川先生，野球がお好きだそうですね。【BJM 始まり】
　私の知り合いに，野球観戦チケットが，どの試合でも，どの席でも自由自在に手に入る奴がいるんですけどねぇ。
箭川
（目を輝かせて）え♪（立ち上がる）
　正直裁判になれば，残業代300万，解雇無効になって年収2年分，そして慰藉料30万円くらいかとみております。
　あと付加金も認められそうですね。（座る）【BGM 終わり】
小川
　ちょ，ちょっと箭川先生……
田上
　実にいい線だと思います。
　下手に裁判が長引けば，バックペイ³⁷もきついし延滞金も馬鹿になりませんよね。
小川
　バックペイ？
田上
　あ，バックペイって，解雇後の働かせていない期間の給料のことですよ。

[37] バックペイ

　バックペイとは，未払い賃金を遡って支払うことをいいます。この意味からは，サービス残業代を遡って支払う場合もバックペイといえそうです。しかし，実務では，バックペイといえば解雇後の未払い賃金のことだけをいうのが一般的です。

　解雇後の未払い賃金って，おかしくありませんか？
　賃金は，労働の対償です。解雇後は労務提供もしていませんから，未払い賃金があるわけないはずです。しかし，あるんです……。
　その根拠は，民法第536条第2項です。条文を紹介します。

> 民法第536条第2項抄
> 　債権者の責めに帰すべき事由によって債務を履行することができなくなったときは，債権者は，反対給付を受ける権利を失わない。

　ちょっと労働関係に置き換えてみますね。「事業所の都合で非がない労働者が解雇され，労務提供ができなくなったときは，労働者は賃金を受ける権利を失わない……」のような感じです。解雇無効を前提とすれば，解雇後の期間は労働免除されても給与は保障されるという，ちょっと納得し難い結果となるのです。しかも，解雇訴訟は，一審だけで通常1年以上かかります。仮に判決確定まで3年かかれば，全く働いていない者に対して，3年分の支払を求められるのです。

　ところで，解雇が有効か無効か，その基準は非常に難しいです。一審解雇有効，二審解雇無効，さて最高裁は……なんてこと，珍しくありません。裁判官ですら判断が異なるのです。それを，一般民間人の事業所が，あらかじめ解雇が有効か無効か判断することができるわけがありません。もちろん，わかりやすい事案を除いてですが。

　バックペイが恐くて，微妙な事案の解雇に踏み切ることを躊躇してしまうのは当然のこととなります。微妙な案件はバックペイも半額にするなど，法律の仕組みを少し工夫してほしいですね。

解雇しなかったらもらえたであろう給料も払わせられるんですよ。
　小川さん，800万円が無理って言っても，裁判やれば1000万円以上になるかもしれませんよ。
　弁護士費用[38]もかかるでしょうし，店を失うだけでなく，自己破産ですよ。

小川
　そう言われても……
　無い袖は振れません。
　お金ないんですぅ。

田上
　支払可能額は，いくらくらいですか？

小川
　分割で月2万円くらいですかね……

田上
　最初に頭金はどれくらいいけますか？

小川
　どんなに頑張っても100万円以上は無理です。

田上
　じゃ，最初に100万円，残りは毎月2万円・350回払いで800万ですね。

小川
　350回払いって，何年かかるんですか？

田上
　350回払いは（仲家：29年2カ月）です。

小川
　29年2カ月！
　まるで住宅ローンじゃないですか！
　そんな長く払えません！

箭川
　そうですよ。
　小川さんが生きてる保証もありません。

小川，田上，仲家
（箭川を見ながら）え？

㊳ 弁護士費用

「資格名＋費用」という用語で確立されているのは、弁護士費用だけではないでしょうか。社会保険労務士も、「社労士費用」とは言いません。医師も「医師費用」とは言いません。診療報酬とか治療代とかですね。

弁護士費用と言えば、それなりに高額な費用がかかるという意味が含まれていたと思います。最近は、司法制度改革で弁護士数が増加し、価格競争が激しくなっているケースもあるようですが。

弁護士費用は、着手金と報酬で構成されるのが一般的です。

着手金は、最初にかかる費用です。事案によって大きく異なりますが、事業所側の立場の労働事件の場合、20万〜30万円くらいが一つの相場でしょうか。複雑な案件や、訴額が大きな案件の場合、通常それに応じて高額になります。

報酬は、成功報酬として、経済的利益の○％という感じです。額が大きいほど率は小さくなるのが一般的です。ある範囲内であれば、10％程度が一般的かと思います。事業所側の場合の経済的利益とは、請求を受けた額からどれだけ低い額に抑えたかという視点で計算されます。しかし、1000万円の請求を受けたとしても、事案の内容から500万円以上はあり得ないような場合もあります。一概には言えません。また、確定額がいくらであっても、事業所は相手方に支払う側です。弁護士としても、事案によっては心情的に取りにくいケースも少なくないようです（笑）。

労働者側の場合、弁護士によって実に様々です。解雇されて今の生活にも困っていれば、着手金が大きいと受任できません。そこで、極端な例では、着手金ゼロとする弁護士もいるわけです。労働紛争は、労働者側が「取る側」です。解雇やサービス残業等であれば、非常に「取りやすい」現実があります。着手金ゼロでも、成功報酬で受け取ればいいわけです。

労働者側代理人弁護士の報酬は、相手方（事業所側）からの振込先を自らの名義の預かり口座に振り込ませ、報酬を天引きして依頼者に渡すという手法がとられます。取りっぱぐれません（笑）。

85

田上
　いやいや，あっせんですからね，具体的にいくらまで譲歩可能か，重要なところなんです。

箭川
　あっせん委員さん，最初に言った110万円で提示してもらえませんか？
　それなら小川さんも何とか支払えるかと思います。

田上
　それじゃ和解は無理でしょー。
　むしろ，相手方の怒りを買うかもしれませんよ。
　<u>最近はちょっとしたネット書き込み</u>が原因で，会社やお店が潰れたりする時代です。
　変なイタズラの数々とか書かれたらどうするんですか？

小川
　うっ，それはヤバすぎる。

田上
　でしょ。
　だから，もう少し上乗せできませんかねぇ。

箭川
　そうですよねぇ。
　じゃ，あっせん委員さん，最初に100万円，あとは毎月2万円ずつで，総額200万円の提示をお願いいたします。

田上
　それでもかなり厳しいと思いますが……

小川
　（ちょっと強気）でも，こっちも厳しいですよ。

田上
　あなたが残業代も払わず，パワハラやイタズラをしたうえ解雇したからこうなるんでしょ。

小川
　（一気に弱気）うぅ。

田上

㊴「ちょっとしたネット書き込み」

　通信関係の進化にはついて行けません（涙）。

　大学を卒業して社会人になった当時，一部の裕福な人だけが自動車電話を持っていました。やがて携帯電話になるのですが，庶民には手が届かず，ポケベルとかを利用していたものです。それがわずか数年後，携帯電話は爆発的に普及します。並行して，インターネットが進化していきました。

　今の若い世代にとって，携帯電話は未成年のときから当たり前のものでした。携帯電話を使ってメールや写真撮影，インターネットへのアクセス等自由自在です。

　そして，職場内で撮影した好ましくない写真をインターネットに掲載する問題が多発しました。マスコミで報道されるのは，まさに氷山の一角です。事業所は，自らの機密漏洩防止や取引先に迷惑をかけないため，また，何気ない損害から身を守るため，必要な対策を執る必要があるのです。

　就業規則に規定することは必要不可欠です。しかし，残念ながら十分ではありません。普通の労働者は，就業規則を読みません（笑）。読んだとしても，覚えていません。覚えているとしても，規定を解釈してネット書き込みについて制限されていると理解しているとは限りません。理解しているとしても，規定を遵守するかどうかは別問題です。

　お気づきの通り，大切なのは教育や指導です。それも，残念ながら，一度だけでは忘れ去られますし，覚えていても，時の経過とともに効力が薄れます。繰り返し指導することが必要なのです。

　万一問題が生じたら，懲戒処分等も検討する必要があります。しかし，問題が生じてしまったら，その影響の方が心配なところです。最初から問題が生じないように予防することの方が，はるかに効果的なのです。

　指導等の繰り返しは，インターネット書き込みに限られる話ではありません。ハラスメント防止研修を実施する事業所が増加していますが，これも根っこは似ています（ハラスメント防止研修の場合は，防止目的に加え，防止措置を執ったという実績が重要です）。他にも，事業所毎に重要な事項については，繰り返し指導していきたいところです。なかなか時間の問題等ハードルはあるでしょうが……。

とりあえず，相手方が，800万円からさらにどこまで引き下げ可能か。
それと分割でよいか，確認したいと思います。
ひとまず，交代しましょう
小川，箭川
お願いします。
（小川，箭川，あっせん室より退室）
田上（迷惑そうな表情で独り言）はぁ……
　こりゃ，無理ですねぇ。
仲家
ホホホ。
厳しいですねぇ。
でも，まだ万分の一の可能性がないとも限りませんよね。
ウヒョヒョヒョ。
【ノックの音コンコン】（徳永，柴田，あっせん室に入る）
徳永，柴田
失礼しまーす。
田上
はい。
えー，相手方に確認いたしました。
支払能力がなく，200万円でどうかという話です。
徳永
ええ？
冗談じゃないですよ。
残業代だけでも200万円以上あるはずなのに。
柴田
冗談の限度を超えてますね。
法律的な背景を全く無視しています。
和解を望まないという話でしょうか。
田上
いえ，和解は望んでいます。
和解はしたいけど，先立つものがないような感じです。

㊵「こりゃ，無理ですねぇ」

　私は，社労士会労働紛争解決センター福岡の開設時から3期6年間にわたり，センター副所長を務めさせていただきました。委員会の協議等を除けば，申し立てられたあっせんの受理または却下等の決定，あっせん期日における運営がセンター副所長の主な仕事です。

　あっせん期日における運営とは，あっせん委員集合後，注意事項や連絡事項をあっせん委員に説明すること，両当事者にあっせん制度について説明すること，あっせん委員があっせんに集中できるようお世話すること，両当事者がトイレに行くときの案内，何らかの判断を要する事案の決定等々です。センター副所長は2名ですから，6年間に開催されたすべてのあっせんの半数に関し立ち会ったことになります。

　あっせん委員が交互に両当事者の話を聞きながら解決を模索するわけですが，結構早い段階で「今日は和解成立は厳しい」と漏らすことが少なくありません。それでも，蓋を開けてみると，ちゃんと和解成立したりするんです。

　また，私自身，現役のあっせん委員です。現在2期目ですが，1期目はセンター副所長兼あっせん委員という異例な立場でした。センター副所長を降りることを予定してあっせん委員に就任したんですが，その後話が変わって留任することになったためこうなりました。個人的には嵌められたと思っています（笑）。

　件数は少ないですが，あっせん委員として参加した経験から，やはり途中で「今回は無理っぽいな」と感じる局面がありました。それでも，最後には和解成立するんです。

　既述の通り，両当事者は解決を望んでいます。あっせん委員も解決を目指して一所懸命です。両当事者とあっせん委員は，完全に100％ダメだという場合を除き，最後まであきらめずに解決を模索することで，高い解決率につながるのだと思います。

一応，最後に確認したいと思います。
　分割払い[41]でよいかどうか，そして，総額でいくらまで譲歩可能か教えてほしいんです。
柴田
　どうでしょうね。
　法的にはこれ以上譲歩する必要ないと思いますからね。
徳永
　ま，裁判やれば時間と費用がかかるから，その分は差し引いて考えてもいいですけどね。
柴田
（ちょっと違うという表情で）そ，そうですね。
　でも大きく譲歩する必要はないですね。
徳永
　でも，今日で解決するなら，面倒くさくないメリットは大きいです。
　最低ラインは，うーん……
柴田
（あわてて徳永を止めるような動き）
徳永
　600万円くらいですかね……
柴田
（あちゃーという表情）
田上
　じゃ，500万円でどうでしょうか。
柴田
（驚いた表情で田上を見る）
田上
　最初に100万円，残りは月3万円くらいの分割で打診してみてもいいですか？
柴田
　ちょ，ちょっと委員さん，人の話聞いてないでしょ？
田上

41 分割払い

　世の中には，分割払いという大変便利な制度があります。もし分割払いができないのであれば，借金しなければならなくなります。そして，その借金の返済も，実質的には分割払いなのです。

　あっせんで和解が成立した後は，約束した和解条項の履行が残ります。解決金支払いで和解が成立する場合，和解契約書には必ず支払期限も定められることになります。事案によって大きく異なりますが，支払う側の資力によって，「明日にでも振り込む」というケースもありますが，「一括は無理だ」というケースもあるわけです。

　一括が無理な場合でも，例えば，今月末に半分，来月末に半分のようなケースもありますし，月々いくらかずつ1年間や2年間というようなケースもあります。私の経験では，圧倒的多数は一括払い，分割になる場合でもせいぜい2～3カ月以内で，1年や2年分割となるケースは極めて少数です。

　中には，ずっと経済的に苦しいから支払が困難なような話ばかりしていた事業所が，和解成立した途端，当月末一括払いに全く異議を唱えず記名押印するケースもあります。あっせん委員の立場として，当事者の発言をどこまで重視すべきか一つとっても，本当に難しいと思います。

　あっせんは，個別労働紛争の解決をはかる制度ですが，必ずしも金銭一括払い解決に限られないのです。それどころか，当事者が合意した内容で解決するわけですから，「謝罪する」だけで解決というのもあり得るわけです。

　話が逸れますが，労働者側が「お金が欲しくてやっているのではない。事業所の誤りを正したいだけだ」のような話をすることがあります。これ，ウソです（笑）。あっせん委員から，「それなら，金銭支払いは無しで，今後労働法令を遵守することと，今回あなたに謝罪することで和解してはどうか？」と言われて，それでいいと答えた人を見たことがありません（笑）。

　金銭解決に限られませんが，実質的には金銭解決がメインです。金銭解決に加えて謝罪条項が入ったりすることがある，というのが実態に近いと思います。

もちろん聞いてますよ。
　小川ラーメンは本当にお金なさそうだから，それを<u>考慮して提案</u>しただけですよ。
徳永
確かに小川ラーメンはお金ないですね。
最初に200万円なら，残りは分割でいいですよ。
田上
わかりました。
最初に200万円，残りは分割，合計500万円でいいですか。
それを最後の条件として，提示してみましょう。
柴田
（苦悶の表情）うーん……
徳永
いや，それでいいですよ。
　別に大将をいじめるつもりもないし，約束して破られるとつらいですし。
田上
有り難うございます。
なんとか相手方に説得を試みてみたいと思います。
　もし，最初に100万円しか用意できないとか，総額で上限は400万とかだったらどうしますか？
柴田
その場合は，残念ですが労働審判を申し立てます。
田上
確かに，その方が金額的には良い結果になるかもしれませんね。
わかりました。
では，交代して話を聞いてみましょう。
徳永，柴田
お願いします。
（徳永，柴田，あっせん室より退室）
田上（迷惑そうな表情で独り言）
　かなり譲歩してくれましたが，微妙ですね……

㊷「考慮して提案」

　当事者にとって，あっせん委員の発言は，非常に大きな意味を持ちます。あっせん委員は，大学教授，弁護士，特定社会保険労務士等の中から選任された労働法の専門家です。あっせん当事者は，事業所の経営者または管理者と労働者です。一応労働法の専門家ではありません。多少個人差はあると思いますが，当事者にとって，あっせん委員が言っていることは，それなりに重い発言なのです。

　あっせん期日に，当事者の代理人が参加していることもよくあります。代理人は，原則として弁護士か特定社会保険労務士です。代理人は労働法の専門家です。それでも，あっせん期日においては，あっせん委員には気を遣わざるを得ません。

　あっせん委員は，両当事者の話を聞いて，あっせん委員が考える妥当な解決金額を検討します。例えば，労働者が500万円請求しているところ，事業所が100万円以上支払わないと言っているとします。この場合，あっせん委員が心の中で500万円に近いと考えていれば事業所にもっと支払うよう説得しますし，100万円に近いと考えていれば労働者に請求額が大きいことを理解させようとするわけです。このようなことから，やはりあっせん委員の発言は重いのです。

　ところが，法的には500万円に近いと考えつつも，事業所の支払能力等を考慮して，和解成立を重視した提案もあり得るのです。法を軽視しているようで問題だ，と感じる人もいるかもしれません。

　しかし，本人が裁判までしたくないと考えている場合はどうでしょうか。「仮に裁判をやれば500万円もらえそうだ，今日和解すれば，250万円にしかならない。それでも，弁護士に依頼して，時間もかなりかかることを考えると，半額でも今日すっきり和解して，明日から前を向いて生きていきたい」というような本音がある場合です。このような人に対し，法律上どうだからといって裁判すべきだと主張するのであれば，それは法律の専門家かもしれませんが，人間の感情を無視した押しつけと言われても仕方がないのではないでしょうか。

仲家
　フフフ。
　相手は最初の200万円も厳しそうですからね……
　残りの分割300万円もきついかもですね……
　トホホ。
田上
　300万円は月3万円で（仲家：100回），100回というと（仲家：8年4カ月），
8年4カ月，長いですね……
　ま，当たって砕けましょう。
【ノックの音コンコン】（小川，箭川，あっせん室に入る）
小川，箭川
　失礼しまーす。
田上
　確認しました。
　総額500万円で，最初に200万円，残りは月3万円の分割払い。
　これでダメなら，本日のあっせんは打ち切りです。
箭川
　最初の200万円は無理ですよ。
小川
　払えましぇん。
田上
　そう言われましてもね……
　残業代と解雇無効だけでも500万円を軽く超えそうな事案と思われますし
ね……
箭川
　例えば，最初は100万円で，さらにラーメン1年間食べ放題とか。
田上
　ふざけないでください。
小川
　うーん……
　さらに1年間ビール飲み放題とか。

㊸「あっせんは打ち切りです」

　あっせんが開催された結果は，和解成立か不成立かのいずれかとなります。不成立の場合，大きく分けて2つのパターンがあります。

　労働者が500万円請求し，事業所が100万円しかし払わないと主張して始まったとしても，その後の話で変わっていきます。あっせん委員との話を通じて，労働者は300万円までなら譲歩すると言い，同様に事業所も300万円までなら支払っていいとなれば，和解が成立します。和解が成立しない場合とは，このようにお互いの主張が重ならないまま行き詰まった結果といえます。

　両当事者の主張が行き詰まってしまったときは，あっせん委員は，あっせん案を提示します。労働者が400万円，事業所が200万円との主張を崩さない状況において，あっせん案として300万円，のような感じで提示するのです。そのあっせん案を両当事者双方が受け入れれば和解成立，両当事者または当事者の一方が受け入れなければ，あっせん不調で打ち切りとなります。

　もう一つのパターンは，あっせん案を提示することなく打ち切るパターンです。労働者が500万円，事業所が100万円の主張を崩さず，どうしようもない場合等です。客観的にみて，あっせん案を提示する意味がないといえるような状況です。

　人間心理の面白い点として，打ち切ると言われると，「ちょっと待ってくれ！」という人がいることです。やはり，解決を期待してあっせん期日に臨んだのですから，打ち切りは不本意なのです。

　ただ，あっせんは，裁判と異なり，最初から期日は原則1回だけだと決まっています。もし，内心はここまで譲歩してもいいという考えがありつつも，最後まで少しでも有利な内容で和解しようと思って話していたのであれば，それはそれで少し問題があります。

　ある程度の譲歩の姿勢をみせることで，あっせん委員は，相手方に対しても譲歩の説得をしてくれる，と考えておくとちょうどいいと思います。

あいつ，ビール好きだから喜ぶと思うんですよ。
田上
　　残念ですが，本日のあっせんは，これにて打ち切ります。
箭川
　　すみません，ちょっと待ってください！
田上
　　（強い感じ）いえ，残念ですが，和解の見込みがないので打ち切りです。
小川
　　（少し間，苦悶の表情）そうですよね。
　　お金がないのだから，どうしようもありませんね。
（少し間）でも，最後に，最後に一言だけ言わせてください！！（立ち上がる）
田上，仲家，箭川
　　最後に一言？【BGM】
小川
（中央に移動，ミュージカル風に）ブスとかバカとか言ったのは，徳永を愛しているからです。
　　出て行けと言ったのも，愛情の裏返しです。（「裏返し」で一回転）
　　今日のあっせんは，打ち切りで結構です。
　　その条件で和解しても，どうせ支払うことができないから仕方ないです。
（田上に近寄る）委員さん，（田上を中央に連れ出しながら）最後に，徳永に伝えてください。
　　「お前を愛してる」って。【BGM終わり】
田上
　　あの……
　　ここは個別労働紛争のあっせんの場です。
　　ちょっと話の内容が違うようですが……
（田上，あっせん席に戻りながら）あっせんは打ち切ります。（小川，席に戻る）
箭川
　　委員さん，ちょっと今の話，伝えるだけ伝えてみてもらえませんか？
　　和解条件は，100万円プラス月3万円5年払い，これに加えて「愛の告白」

㊹「話の内容が違う」

　あっせん委員は，限られた時間の中で，両当事者の話を聞き，解決を探らなければなりません。そのため，解決につながる可能性のある話を引き出すため，様々な質問をします。

　しかし，人間は面白い。いろんな人がいるのです。中には，泣き出す人や怒り出す人もいます。そして，話が脱線しまくって収拾がつかなくなるような人もいるわけです。限られた時間での解決を目指すあっせん委員の立場として，これはかなり困るのです。

　あっせん委員も人間です。こちらもいろんな人がいます。脱線した話もうまく聞きながらなんとか話の軌道修正を試みようとする人，脱線したまま仕方なく聞き続ける人，あっせんは時間が限られていることを説明して話を元に戻す人，本当に様々です。

　それでいて，関係のない話から，重要な情報が得られることがないわけではありません。ただ時間が限られているという現実とのせめぎ合いということです。

　あっせん委員が，何らかの金銭請求をしている労働者に対して聞きたいことはただ一つです。それは，「いくらまで譲歩できるか」です。同じく，何らかの金銭請求を受けている事業所に対して聞きたいこともただ一つ，「いくらまで支払っていいか」です。即ち，この質問をするためだけに，その前にいろいろな話をし，また，話を聞いているのです。

　本当に人間は面白いのですが，脱線しまくりの話をあっせん委員が相づちを打ちながら聞き続けた結果，「聞いてもらえた」または「わかってもらえた」と感じる人もいるわけす。このように感じてもらえれば，その後あっせん委員が請求額の譲歩または支払い額の譲歩の説得をしたとき，意外とスムーズに運ぶことだって考えられるわけです。

　あっせん委員の力量は，これらのすべてを的確に把握して……と言いたいところですが，果たしてそこまで必要かどうかもわかりません。ただ一つ言えることは，結果として紛争解決に導いたのであれば，優秀なあっせん委員だと考えてもよいのではないかと思ったりします。

です。
田上
　箭川先生，本気で言ってるんですか？
箭川
　本気ですよ。
　だってこのままじゃ，小川さんの人生が終わってしまいますから。
　こちらの譲歩は，少し金額を上乗せしたことと，愛の告白です。
田上
　(迷惑そうに) わかりました。
　じゃ，伝えるだけ，伝えます。
　しかし，徳永さんが少しでも難色を示した瞬間に，あっせんは打ち切りですよ。
箭川
　それで結構です。
田上
　では，もう一度だけ，交代して話を聞きましょう。
　ところで小川さん，なぜ徳永さんをいじめたんですか？
小川
　(泣きそうな表情) ……愛しているんですぅ。
　変なイタズラもすべて，愛情表現なんですぅ。
田上
　よくわかりませんが，わかりました。
　とにかく，少しでも難色を示したらあっせんは打ち切りですよ。
小川，箭川
　お願いします。
　(小川，箭川，あっせん室より退室)
田上（迷惑そうな表情で独り言）
　ああ，もう早く帰りたいですね。
仲家
　ホホホ。
　本当に相手方に確認するんですか？

㊺「愛情表現」

　セクハラ（セクシュアルハラスメント）という言葉が定着して久しいです。その後，ハラスメントに関しては次々と造語され，中にはパワハラ（パワーハラスメント）のように完全に市民権を得てしまったものもあります。他にも，モラハラ（モラルハラスメント），マタハラ（マタニティハラスメント）等もかなり知られる言葉となってきております。最近は，就職活動を終わるように強要することを「おわハラ」というとか。もう訳がわかりません。

　このような中で，「事業主が職場における性的な言動に起因する問題に関して雇用管理上講ずべき措置についての指針」という長い名前の厚生労働省指針が公表されています。略して「セクハラ指針」といいます。そしてこの中に，「セクシュアルハラスメント」の用語が使用されているのです。公的に認められている感がありますね。そして，セクハラ指針において，セクハラの説明として「職場において行われる労働者の意に反する性的な言動」というくだりが何度も出てきます。「意に反する」がキーワードです。既に紹介したように，何をしたかというよりも，誰がしたのか，即ち，イヤな人の言動がハラスメントとなりやすいわけです。

　劇は，きつく当たったのは愛情表現だという不思議な（？）展開です。この愛情表現，相手が不快に感じればハラスメント，そうでなければ問題なしとなったりするのです。

　ところで，以前は社内恋愛禁止という事業所もあったのですが，最近は聞きませんね。禁止しても無駄でしょうし，そもそも本人の自由です。しかし，違う意味で，禁止したいと感じることがあります。

　社内恋愛中はよいのですが，一方の熱が冷めたときが恐いのです。冷めてない一方は，必死に修復を図ろうとしたりします。この行為が，場合によってはストーカー行為やセクハラ行為だということになりかねないのです。雇用する事業所の立場から言えば，勝手に付き合って勝手に別れて，その結果ハラスメントによる使用者責任を問われたらたまりませんね。

田上

　仕方ないでしょう。

仲家

　愛って素晴らしいですね。

　でも，不倫愛じゃありませんか？

　ヒヒヒ

【ノックの音コンコン】（徳永，柴田，あっせん室入室）

徳永，柴田

　失礼しまーす。

田上

　打ち切るところでしたが，最後に少しだけ，聞いてください。

　相手方の最終和解条件です。

　最初に100万円，あとは毎月3万円の5年払いで……合計280万円。

　そして，ついきつく当たったのは，徳永さんを愛しているから，という内容です。

柴田

　は？

　さっきの200万円から少し増えただけですか？

田上

　いえ，奥さんがいる身で言えなかった言葉を明確にしたことも，譲歩部分です。

柴田

（呆れた表情）全く意味がわかりません。

　ふざけるのもいい加減にしてもらいたいですね。

　あっせんは打ち切りということですね。

　残念ですが，次は労働審判だと伝えておいてください。

（立ち上がりながら）さ，徳永さん，帰りましょう。

徳永

（少し小さめの声で）その条件で和解します。

柴田，田上，仲家

　え？

46 「次は労働審判」

　残念ながら個別労働紛争があっせんで解決しなかった場合，その後どうなるでしょうか。選択肢はいろいろあるのですが，大雑把に分けると，そのまま何事もなく時間が経過するか，または，次の手段により紛争が継続するか，のいずれかとなります。

　次の手段として選択されやすいのが，労働審判です。労働審判とは，またまた大雑把に言えば，裁判とあっせんの中間のような制度です。あっせんは，和解を目指すものの不成立の場合は打ち切りです。裁判は，裁判上の和解を勧告しますが，不成立なら判決です。労働審判は，和解を目指し，不成立の場合は審判になります。

　判決と審判との違いがわかりにくいですね。審判は，一方が異議申立すれば通常裁判に移行します。労働審判法は，はっきりと「適法な異議の申立てがあったときは，労働審判は，その効力を失う」と規定しています（法第21条第3項）。それなら，異議申立がなければ判決と同じかというと少し違って，裁判上の和解と同一の効果とされています（法第21条第4項）。結局「和解」を目指す制度であり，判決で強制する制度ではないという構成です。

　もう一点着目したいのが，かかる期間です。あっせんは原則1日ですが，申立てから通算すれば開催されるのが約1カ月後ですから，約1カ月です。裁判は，事案によりますが，一審だけでも半年から2年くらいでしょうか。三審制なので，事案によっては本当に長い年月がかかることがあります。労働審判は，申立てから1カ月半くらいで第1回期日，その後さほど期間を空けずに第2回期日です。期日は最大3回ですが，2回で和解成立することが多いようです。従って，申立から概ね3カ月以内に終了します。

　以上から，あっせん不成立の「次」として，労働審判は最も手軽な選択肢と言えるでしょう。

　ただ，あっせんと異なって，労働審判の代理人は，原則として弁護士に限られます。社会保険労務士は，出廷陳述権に基づいて補佐人として出廷することになります。

徳永
（立ち上がる，大きめの声で）その条件で和解します。
柴田，田上，仲家
（とても驚いた表情，大きな声で）ええ～!?
（この後，BGM が終わるまで驚いた表情を継続）
徳永
【BGM】（徳永，中央に出てくる）
　毎日ブスとかバカとか言われるのに，ずっと辞めなかったんですよ。
　子供のようなイタズラされても，一所懸命働いたんですよ。
　大将を愛しているんです。
（うつむいたりしつつ）でも，奥さんもいるし……
　大将のことを思うほど，仕事中も落ち込んだりして……
（ここで明るく元気に）今日は本当に良かった！
　本当に幸せです。
（両手を斜め上に広げ）たいしょー!!
小川
（どこからともなく）あすかー!!
（少し間）【BGM 終わり】
【エンディングテーマ】
安藤
　何故か和解が成立しました。
　この後，すぐに和解契約書(47)が作成され，両者署名押印しました。
　めでたし，めでたし。
　ただ，和解契約書の和解条項には，次のように記載されました。
　「小川剛は，徳永明日香を愛するあまりきつく当たってしまったことについて，正直な気持ちを打ち明け，徳永明日香はこれを許すものとする」
　小川剛は妻の清子に和解契約書を見せることができません。
　それでも，めでたし，めでたし。

47 和解契約書

　あっせん期日において和解が成立したら，その場で和解契約書が交わされます。裁判上の和解の場合，後日裁判所から和解調書が送られてくるのですが，あっせん和解の場合は，その場であっせん委員が和解契約書を作成するのです。

　さて問題です。和解契約書作成にあたり，あっせん委員が最も困ることは何でしょう？

　答えは，当事者の一方（または両方）が印鑑を忘れてきた場合です（笑）。それでも，労働者側なら，少しなんとかなります。本人署名，拇印等でもなんとかなるからです。会社側はどうしようもないですね。弁護士か特定社会保険労務士が代理人として同席していれば，代理人の印鑑で対応しますが，なければ後日郵送等で対応するしかなくなります。

　少し話が逸れています。あっせん委員が本当に困るのは，和解契約書条項に当事者の一方または両方が異議を唱え，平行線をたどることです。解決金○○円は合意に至っても，その他の細かい部分であれこれと話が出ることがあるのです。事業所側からは「営業妨害するな」と入れたい，労働者側は「ふざけるな，絶対イヤ」等です。あっせん委員は，どうしたらいいんでしょうね。

　このような場合でも，当事者が和解成立を前提に話していることを忘れてはなりません。話がまとまらない場合は，あっせん委員は中立の観点から何れか一方に理解させるしかありません。面白いことに，どんなにこじれても，和解条項をめぐって和解不成立にひっくり返った例を私は知りません（世間一般には，稀有な例としてあり得る話ですが）。

　支払期日，秘密保持，債権債務不存在確認等の条項は，ほぼすべての和解契約書に採用されます。この他にも当事者の希望があり，合意に至ればいろいろな条項をおくことができます。事業所側が「謝罪の意を表明する」等も稀にありますが，あっせん委員によっては，個別事案に即した判断として，金銭解決前提なので好ましくないと説論するケースもあります。ただ，本劇のような和解条項は，現実の和解契約書では見たことも聞いたこともありません（笑）。

「個別労働紛争あっせん制度」解説の巻

　ここでは，一般に馴染みの薄い「個別労働紛争あっせん制度」について解説します。

　あっせん制度は，非常に良い制度です。しかしながら，周知不足，認識不足により，十分に活用されているとは言い難い状況です。

　あっせん制度を利用することは，何も難しくないどころか，実に簡単です。そして，当事者にとっても大きなメリットにつながる可能性を秘めています。

　本書を活用して，あっせん制度に対する理解を深めていただけますことを切望します。

第1章 あっせんの根拠法令

　個別労働紛争について,「あっせん」で解決をはかる制度として,主に2つあります。1つは,都道府県労働局に設置される紛争調整委員会が行うあっせんで,もう1つは,都道府県社会保険労務士会に設置される社労士会労働紛争解決センターが行うあっせんです。それぞれ,「労働局あっせん」,「社労士会あっせん」と略したりします。

　同じ「あっせん」でも,一方は公的機関,一方は民間の機関です。そのため,根拠法令も異なります。

　本章は,根拠法令の違いに着目して,比較してみたいと思います。

1　労働局紛争調整委員会

　労働局紛争調整委員会は,個別労働関係紛争の解決の促進に関する法律が根拠法令です。名称が長いので,「個別紛争法」と略しておきます。個別紛争法の目的を掲げる第1条を確認します。

個別紛争法第1条
　この法律は,労働条件その他労働関係に関する事項についての個々の労働者と事業主との間の紛争(労働者の募集及び採用に関する事項についての個々の求職者と事業主との間の紛争を含む。以下「個別労働関係紛争」という。)について,あっせんの制度を設けること等により,その実情に即した迅速かつ適正な解決を図ることを目的とする。

　法律の名称が冠するとおり,第1条で「個別労働関係紛争の解決の促進」を目的とすることがよくわかります。そして,その目的達成のため,「あっせ

んの制度を設けること」と明示されています。

　ちなみに，細かく見ると，「あっせんの制度を設けること等」と最後に「等」が付いています。「等」とは何でしょうね。これは，個別紛争法の大きな目的が「個別労働関係紛争解決の促進」であることに関係があります。

　個別紛争法第2条から第5条に，個別労働関係紛争解決の促進のための具体的な内容が規定されています。簡単にまとめると，次の通りです。

　第2条　紛争当事者による早期，かつ，誠意ある自主的な解決を図る努力義務
　第3条　労働局による労働関係等に関する情報提供，相談その他の援助の実施
　第4条　労働局による助言，指導の実施
　　②　助言，指導の実施のため必要に応じて労働問題の専門有識者への意見聴取
　　③　労働者が助言，援助等を求めたことを理由とする解雇その他不利益取扱いの禁止
　第5条　あっせんの申請があって必要と認めたときは，紛争調整委員会によるあっせんの開催
　　②　労働者があっせんを申請したことを理由とする解雇その他不利益取扱いの禁止

　個別紛争法による最終手段があっせん（第5条）ですが，あっせんに至る前に「労働局による助言，指導」がありますね（第4条）。個別労働紛争が生じた場合，まずは相談を受け，「助言，指導等をしますよ。それでも困難そうだったら，あっせんしましょうね」という感じです。

　さらにその前に，「情報提供，相談」があります（第3条）。こちらは，個別労働紛争が生じた後に限らず，未然防止も視野に入っています。

　そして面白いのが，第2条です。条文は，「個別労働関係紛争が生じたときは，当該個別労働関係紛争の当事者は，早期に，かつ，誠意をもって，自主的な解決を図るように努めなければならない」です。言い換えると，「自主

に相互に協議して紛争を解決するよう努力しなさい」という規定です。

　実際に労働紛争が生じた場合，もちろん自主的に解決努力をしようとするケースは多いと思いますが，双方が「誠意をもって」というケースはかなりレアケースじゃないかなと思います。ということは，労働紛争が生じた場合，多くの場合が「個別紛争法に基づく努力義務違反」にあたることになりますね（笑）。

　ふと気付くと，あっせんの話からどんどん逸れてきていますね。元に戻します。

　労働局で開催されるあっせんは，一般に「労働局あっせん」のように言われますが，厳密には直接労働局が開催しているのではありません。「紛争調整委員会」があっせんを行います。この根拠が，第5条に記されています。労働局は，紛争調整委員会に委任してあっせんを開催させるのですね。

　しかし，あっせんを申請するためには，あっせん申請書を提出しなければなりません。この申請書の宛先は，都道府県労働局長です。やっぱり「労働局あっせん」でいいんです（笑）。

2　社労士会労働紛争解決センター

　社労士会労働紛争解決センターは，裁判外紛争解決手続の利用の促進に関する法律が根拠法令です。こちらも名称が長いので，「裁判外紛争法」と略したい……のですが，一般的に「ADR法」と略されるので，混乱を避けるためにもやむを得ずこちらを使用します。「ADR」とは，英語の「Alternative Dispute Resolution」から頭文字を取った語です。

　少々長いですが，個別紛争法と同様に，第1条を確認します。

> ADR法第1条
> 　この法律は，内外の社会経済情勢の変化に伴い，裁判外紛争解決手続（訴訟手続によらずに民事上の紛争の解決をしようとする紛争の当事者のため，公正な第三者が関与して，その解決を図る手続をいう。以下同

> じ。)が，第三者の専門的な知見を反映して紛争の実情に即した迅速な解決を図る手続として重要なものとなっていることにかんがみ，裁判外紛争解決手続についての基本理念及び国等の責務を定めるとともに，民間紛争解決手続の業務に関し，認証の制度を設け，併せて時効の中断等に係る特例を定めてその利便の向上を図ること等により，紛争の当事者がその解決を図るのにふさわしい手続を選択することを容易にし，もって国民の権利利益の適切な実現に資することを目的とする。

　個別紛争法との一番の違いは何だと思いますか？
　正解は，必ずしも一つとは限りませんが，「労働紛争」という語がどこにも出て来ないことです。
　実際に，ADR 法を根拠として，様々な紛争解決機関が設立されていますが，その対象となる紛争も様々です。例えば，土地家屋調査士会が設立している ADR 機関は，土地の境界線紛争を対象とする機関です。
　一番の違いとして，個別紛争法は「行政」，ADR 法は「民間」という点を挙げた方もいらっしゃると思います。大きな違いです。もちろんはずれではなく，正解の一つです。最初から大きな二つの違いは何かと出題すべきでした（笑）。
　民間型の場合，あっせん機関になるためには，認証を受ける必要があります。社労士会労働紛争解決センターは，この認証を受けて設立されたあっせん機関なのです。
　他にも，細かな違いがありますが，おいおい述べていきます。

　今度は逆に，共通点を確認します。まさしく，「(紛争の) 実情に即した迅速な解決を図る」という言葉です。個別紛争法の目的は，まさにこれでした。ADR 法は，あっせん制度の重要性から，個別労働関係紛争に限らず，広く活用しようとしている感じです。
　ADR 法の目的は，「紛争の当事者がその解決を図るのにふさわしい手続を選択することを容易」にすることで，「国民の権利利益の適切な実現に資する」こととなっています。

ADR法は，個別紛争法と同様に「実情に即した迅速な解決を図る」目的達成のため，実際の手続選択肢を広げ，最終的に国民の権利利益の「適切な実現に資すること」を目的とします。「法に遵った内容での解決の実現」とは規定されていません（笑）。

　かといって，法令を全く無視していいということではないため，「第三者の専門的な知見を反映」することが前提とされています。専門的な知見を背景に，「実情」に即した運用が求められているのです。

第2章　受理されないあっせん申立の例

あっせんを申立てても，100％受理されるわけではありません。中には，受理されないケースがあるのです。

受理されないケースには，当然と思われるもの，意外なもの等，いろいろあります。受理されないケースを理解することで，逆に，あっせんに適した事案が見えてきます。

第2章は，あっせんが受理されないケースを確認したいと思います。

1　法律名から推測できる不受理事案

個別紛争法の正式名称は，「個別労働関係紛争の解決の促進に関する法律」でしたね。この名称だけで，あっせん申立をしても受理されない紛争が分かります。

それは，「個別」労働関係紛争に該当しない労働紛争に関するあっせん申立です。

労働法の世界において，「個別」の反対語は「集団」です。集団的労働関係紛争と言えば，労働組合が関与する労働紛争ということになります。ちなみに，労働組合が関与する労働紛争は，別組織の労働委員会が担当します。あっせんよりも，不当労働行為救済申立が主ですね。

名称だけではわかりにくいとも言えますが，なんとなく受理されないと分かるものがあります。それは，「労働関係」紛争に該当しない紛争です。労働関係と言えば，事業所と労働者との関係，即ち労働契約（雇用契約）関係ということですね。あっせんの両当事者がこの関係に当たらない申立ても，受理されません。

例えば，上司からパワハラを受け，慰藉料を請求したいとします。加害者は上司個人ですから，怨む相手は上司個人です。そして，勤務先には怨みはなく，むしろこれからも定年まで勤務するつもりです。そして，裁判までは考えていません。そこであっせんを思いついた……のようなケースです。個人対個人の紛争は，あっせんの対象となりません。
　事業所対事業所の紛争も同様に対象となりません。事業所対事業所の労働関係紛争って，何か想像できますか？　とても難しいですね。
　例えば，優秀な人材を雇用していたところ，他の事業所がちょっかいかけてきて，ついに引き抜いた，とかでしょうか。しかし，これは労働紛争とは言いませんね（笑）。

2　法律上対象外とされる事案

　続いて，法律上対象外とされているものがあります。
　それは，「労働者の募集及び採用」に関する紛争です。個別紛争法第5条に，次のように明示されています。

> 個別紛争法第5条第1項
> 　都道府県労働局長は，前条第1項に規定する個別労働関係紛争（労働者の募集及び採用に関する事項についての紛争を除く。）について，当該個別労働関係紛争の当事者（以下「紛争当事者」という。）の双方又は一方からあっせんの申請があった場合において当該個別労働関係紛争の解決のために必要があると認めるときは，紛争調整委員会にあっせんを行わせるものとする。

　個別労働関係紛争であっても，労働契約が既に成立していることが前提条件とされています。
　例えば，採用面接不採用による紛争等は，あっせんの対象とならないわけです。

3 意外な不受理事由と,その詳細

次に,受理されないちょっと意外なものを紹介します。

それは,労働基準法違反が明らかな事案です。「え? それなら,不払い残業代請求もダメなんですか?」となりますね。ちょっとややこしいので,説明します。

大前提として,労働基準法違反の案件は,あっせんで解決するのではなく,労働基準監督署に申告することで解決する事案なのです。

即時解雇する場合は,解雇予告除外認定を受けるか,または平均賃金30日分以上の解雇予告手当を支払わなければなりません(労働基準法第20条第1項)。例えば,この解雇予告手当が支払われていない事件があるとします。このような場合,労働基準監督署に申告すれば,労働基準監督官が事実関係を確認し,事実であれば事業所に支払を勧告します。あっせんのように,協議も何もありません。法違反ですから,事業所は強制的に支払いを勧告されるだけです。

不払い残業代請求も同様です。例えば,タイムカード等客観的な資料があって,具体的に「○時間○分相当の時間外賃金が不払い」というのであれば,労働基準監督署への申告です。あっせん申立をしても,不受理となります。

ところが,不払い残業代はあるものの,具体的な時間数等がはっきりしない場合はどうなるでしょう?

労働基準監督署に申告した場合,労働基準監督官は出勤簿や賃金台帳等を確認し,双方の話を聞いたりしますが,確証もないのに「○時間○分相当の時間外手当を支払え」と勧告できません。このような勧告はできませんが,不払い残業代が「ある」ことが間違いなければ,法違反ではあります(労働基準法第37条)。そのため,多くの場合,事業所に対して,過去に遡って労働時間を確認し,不払い残業代を計算して支払うよう勧告します。具体的にいくら,ではなく,事業所が自ら遡及調査して支払いなさい,という勧告です。事業所には労働時間把握義務があるとされていますから,把握していないこ

とも法律上問題があります。そこで，セットで今後の労働時間管理についても指導がなされることになります。

　事業所が遡って不払い残業代を支払うとなると，事業所次第ですが，労働者が考える時間数と大きな差が生じることが考えられます。ここに労働者は，自ら考える残業代を求めて，あっせんを申立てる途(みち)があるのです。不払い残業代があって，時間数に争いがあるケース。この場合は，あっせん申立が受理されるのです。

　ちょっと長くなりましたが，労働基準法違反の案件であっても，客観的に確定できない争いがあれば，あっせん申立ができるわけです。受理されないのは，労働基準法違反を前提に，その具体的な内容も確定している労働紛争ということになります。

4　事実上受理できない事案

　他にも，事実上受理できない事由があります。他の機関を利用しているケースです。

　例えば，現在裁判所で争っている事案について，別途あっせんを申立てる……当然ダメですね。裁判でなくても，他の機関を利用中であれば，あっせん申立をしても受理されません。労働局あっせんを申立てて，同時並行で社労士会あっせんにも申立てる……これもダメですね。

　ちなみに，労働局あっせんを申立てて開催されたものの，和解不成立で終了。その後，今度は社労士会あっせんを申立てたらどうなるでしょう？　この場合は，受理されます。

　社労士会労働紛争解決センター福岡において，過去にたった1例ずつですが，実際にありました。

　まず，他の機関を利用中の例です。裁判で係争中の案件のあっせん申立です。申立人の話を受理できる事案だと思いながら聞いていたのですが，途中で裁判という話が出てきたわけです。もちろん却下となりました。

　次に，他の機関を利用後の例です。労働局あっせんで和解不成立となった事案でしたが，労働者側が裁判は全く考えてなく，第三者に入ってもらって

もう一度協議したいとあっせん申立を受けました。受理しましたが，多分和解は困難だろうと予想していたのですが，あっせん期日において見事に和解成立しました。

5　期間の経過による不受理事由

まだあります，受理されない申立て。

法律の世界には「時効」というものがあります。労働法関係にも時効が定められていまして，多くの場合は2年です。

あっせん制度は，実情に即した解決を目指す制度です。あっせんを開催する前から，和解成立の見込みが限りなくゼロに近い事案は，制度の目的から考えても，あっせんを開催する必要性が乏しいということになります。時効消滅していても，債務者が支払うことは自由です。しかし，これを「専門知識を有するあっせん委員」が，支払うようすすめるようではおかしくなります。したがって，受理すべきではないということになります。

また，時効消滅していない事件だとしても，例えば退職して1年経過後に「在職中にパワハラにあった」と申立てるのもどうでしょうか。パワハラの場合，恐怖心のため言えずにいたケース等も考えられないわけではありません。それでも，申立てられた事業所にとっては，「今更……」となることは目にみえています。どうしても，という場合には，裁判を受ける権利は保障されていますし，社労士会労働紛争解決センター福岡の場合は，概ね1年経過を目安としています。

6　実務でよくある不受理事由

くどいですが，最後にもう一つ。

労働「紛争」になっていない事案です。当たり前だし，そんな事案なら申立てもないだろうと思いませんか？

しかし，現実には，あっせん申立が受理されないケースの圧倒的ナンバーワンが，この理由なのです（社労士会労働紛争解決センター福岡の設立から平成

27年6月までの実績)。

「紛争」とは何なのかを考えると，わかります。

例えば，労働者が解雇されたとします。解雇理由は告げられず，労働者本人は不当な解雇だと考えています。そこで，第三者が間に入ってくれるあっせんを申立てることに……のようなケースです。

事業所側の目線でみてみますと，解雇しました，そして，そのまま何事もなく日にちが経過中，ということになります。まだ具体的に紛争になっていないのです。

では，この例の場合は，どうすればあっせん申立が受理されるでしょうか。「紛争」になっていれば受理できるわけですが，事業所側からみて，紛争になっていない点が問題なのです。答えは簡単で，紛争になっていればよい，ということになります。

個別紛争法第2条を思い出してください（急に言われて思い出せる人は天才です）。「個別労働関係紛争が生じたときは，当該個別労働関係紛争の当事者は，早期に，かつ，誠意をもって，自主的な解決を図るように努めなければならない」でしたね。

この例の場合は，事業所に対して自主的な解決を図る行動を全くとっていません。その前に，何もしていません。まだ紛争が生じていないのです。

「じゃ，紛争を生じさせればいいんですね？」と聞かれそうですね。間違いではないのですが，できれば紛争にならずに解決するのが理想です。まず最初に，労働者が直接事業所に「不当解雇に基づく補償」を求めます。これに対し，事業所が真摯に受け止め，労働者の主張はもっともだと判断します。そして，補償額について直接協議し，双方が納得できる額で円満解決……となるのが理想なのです。まさに，個別紛争法第2条の精神と言ってよいでしょう。

しかし，世の中なかなかうまくいきません。労働者が直接事業所に「不当解雇に基づく補償」を求めた場合，一般的にはどうなるでしょう。労働者に対して解雇理由が伝えられていないとしても，事業所は何か理由があって，その労働者を解雇したのです。法律的な解釈は抜きにして，事業所は，解雇

を間違っているとは思っていないのが通常です。本人が直接補償を求めても，酷い場合は無視，一般的には文書で応じない旨通知等となることが多いのです。中には，話し合いの場が持たれる場合もあります。しかし，そう簡単にまとまるものではありません。

　労働者からの直接請求が無視されたとき，拒否されたとき，または話し合いが破談となったときに，「紛争状態」に入ったとみなします。そうです。これ以後は，あっせん申立が可能になるのです。

　社労士会労働紛争解決センター福岡のケースですが，紛争になっているかどうかを判断する際には，文書請求を拒否された場合に限らず，口頭で請求して拒否された場合も認めています。
　口頭を認めるとなると，言った，言わないの問題になる可能性が考えられますね。
　それでも，あっせん制度は，労働者側が口頭で請求して拒否されたと言っているのに，そのことについて客観的な証拠をもって事実認定するような制度ではないのです。民間型あっせん機関は，ADR法第1条の「解決を図るのにふさわしい手続を選択することを容易に」する精神を尊重していると言えるでしょう。

　紛争になっていない事案においては，次のとおり参考になさってください。

----

①内容証明郵便で請求
　内容証明郵便については，時効の中断効が認められていることが特長です。
　あっせん申立だけなら，特に内容証明郵便による請求を必要とするわけではありません。しかし，あっせんは，当事者の合意がなければ和解成立しない制度ですから，必ず解決する保障がありません。
　あっせんで解決しなかった場合，次に労働審判，場合によっては裁判を視野に入れる場合は，この時点で内容証明郵便を利用して請求しておくべきでしょう。

②普通文書で請求
　文書で請求した場合，何らかの反応があればいいのですが，反応がない上「受け取っていない」と言われる可能性が考えられます。
　しかし，あっせん申立だけなら，それでも受理は可能です。

③口頭で請求
　既述の通り，あっせん申立の受理は可能ですが，できれば避けたい手段です。
　言った，言わないの問題につながるのが大きな理由です。請求自体があった，なかった，請求内容について食い違う，その時に合意した事項が覆される，その他いろいろと考えられます。

【共通】
　請求の場合は，必ず回答期限を明確にしてください。無視された場合は，回答期限の経過をもって紛争状態とみなします。

7　不受理事案のまとめ

あれこれ出てきましたので，見やすいようにまとめておきます。
あっせんを申立てても受理されない事案は，次のケースです。

①集団的労働紛争
　労働組合が関与する労働紛争等。
②労働者と事業所との間における紛争にあたらない紛争
　「労働者対労働者」や「事業所対事業所」の事案。
③労働基準法違反で，内容が明確な事案
　法違反を申告することで，具体的に保護される事案。
④他の紛争解決機関を利用している紛争
　他の機関を利用中の事案について，同時並行的に申立てる場合。

⑤事件発生後相当期間を経過した紛争
　時効消滅，又は一定程度期間が経過した紛争。
⑥紛争となっていない事案
　労使双方が紛争状態に入っていることが認識できない事案。

　以上の他にも，個々の事案によっては受理できないケースも考えられます。実際にあっせんを申立てる場合は，申立先である都道府県労働局または社労士会紛争解決センターに直接確認をお願いいたします。

第3章　あっせん向きの労働紛争

　前章で，受理されないあっせん申立について確認しました。これで，逆にあっせんに適した事案が見えてきます。
　また，個別労働紛争の解決方法は，あっせんだけではありません。労働審判や労働裁判もあるわけです。
　第3章では，あっせん向きの労働紛争について確認してみたいと思います。その前に，あっせん制度と他制度の相違点を確認します。

1　あっせん制度の特徴

個別紛争法について，厚生労働省がパンフレットを作成しています。

■タイトル
　【職場のトラブル解決サポートします】
■サブタイトル
　【「個別労働関係紛争の解決の促進に関する法律」に基づく3つの制度
　　のご案内】
■キャッチフレーズ
　【簡易・迅速・無料・秘密厳守の解決援助サービス】

　サブタイトルの「3つの制度」とは，例の個別紛争法第3条～第5条の「情報提供，相談」，「助言，指導」，「あっせん」です。
　そしてキャッチフレーズですが，的を得た一言です。「簡易，迅速，無料，秘密厳守」，まさにその通りです。

最初に，何といっても簡単です。
　労働審判や労働裁判の場合，書証を添付して訴状を作成するだけでなく，その後答弁書等に対して反論しなければならない等，個人で簡単にできることではありません。その点，あっせんは，原則としてあっせん申立書を提出するだけという簡易さです。
　次に，迅速です。これもあっせん制度の大きな魅力です。
　申立ててから概ね1カ月後に開催され，原則としてこの日で終了です。労働審判が概ね2～3カ月，労働裁判が概ね6カ月～数年であることと比較すると，極めて迅速です。
　無料，これも魅力ですね。
　労働審判も労働裁判も，訴額に応じた申立費用がかかります。訴額100万円の場合は1万円（労働審判5000円），500万円の場合は3万円（労働審判1万5000円）です。
　申立費用もさることながら，実質的に大きいのが弁護士費用です。あっせんは自分で対応することが可能ですが，労働審判や労働裁判になると，なかなか難しく，一般的に弁護士に依頼することになります。実質的に，弁護士費用が申立費用の大きな割合を占めます。
　ところで，労働局あっせんは無料ですが，社労士会あっせんは有料です。社労士会労働紛争解決センター毎に申立費用が異なります。だいたい，1000円から1万円プラス消費税です。社労士会労働紛争解決センター福岡の場合は，1000円＋消費税です。いずれにしても，申立費用がほとんどかからないことは共通しています。
　最後の，秘密厳守。あっせん利用者の声として，この魅力もかなり大きいようです。裁判は公開です。労働審判は公開ではありませんが，和解が成立しなければ審判が下され，これに一方が異議を唱えれば裁判に移行してしまいます。秘密厳守という意味では少し逸れますが，裁判も労働審判も相手方と顔を合わせて行われます。この点，あっせんは敷居が低くて，本人だけで申立て可能で，しかも相手方と顔を合わせない配慮をします。
　以上の通り，あっせん向きの事案を検討する前に，紛争解決機関として魅力的な制度であることを確認しました。

2　解雇事案

　圧倒的にあっせん申立に適した事案が，解雇事案です。

　新聞やニュースを見ていると，解雇は事業所が悪くて，いつも労働者が被害者であるかのような錯覚に陥ります。欺されてはいけません。事業所が，何ら問題なく普通に働いている労働者を解雇することは一般に考えられないのです。

　中小企業，それも特に労働者数が少ない事業所ほど，ギリギリの人数で経営していることが多いものです。言い替えると，1人1人が，より重要なのです。しかし，現実は甘くありません。優秀な人材ばかり雇用できるほどの知名度も資金的ゆとりもないのが，多くの中小企業です。必要に応じてその都度転職者を受け入れているケースが多いと言えるでしょう。そして，優秀であることに越したことはありませんが，現実は，普通に頑張ってもらえていれば，特段問題はないということになるのです。

　では，何故解雇するのか？

　それは，事業経営上，マイナスだと判断したからです。マイナスと判断する理由は個々に異なります。一般に多いのは，一言でまとめると「協調性」に問題があるケースです。例えば，他の労働者と全くうまくいかず浮いてしまっていて，客観的にその責任は本人にあるのに，本人は被害妄想的で，すべて周りのみんなが悪いと思っているようなケースです。また例えば，前向きで建設的な意見と称して，自分の考え方を伝えるまではよいのですが，その考え方に固執する労働者です。1人1人が重要な中小企業にとって，周囲との協働ができない者や，事業所の方針に従わない者は，本当に困った存在なのです。

　最近はそうでもありませんが，中小企業の一部には，労働法に関して全く無頓着な経営者が存在します。このような経営者が，客観的には安易な解雇を選択することがあるといえます。

> 労働契約法第16条
> 　解雇は，客観的に合理的な理由を欠き，社会通念上相当であると認められない場合は，その権利を濫用したものとして，無効とする。

　労働基準法は，解雇の自由を認めています。事業所には「解雇権」が認められているのです。

　しかし，権利が認められていても，それを濫用してはならないことは，解雇に限らず言えることです。解雇の場合は，解雇権濫用法理と言います。この解雇権濫用法理は，裁判例の蓄積によって，平成15年の改正法で初めて条文になりました。これが現在の労働契約法第16条です。

　労働契約法第16条を，逆の言い方をしてみます。

　「解雇は，客観的に合理的な理由があり，社会通念上相当であると認められる場合は，その権利を行使したものとして，有効とする」ということです。

　非常に残念ながら，「客観的に合理的な理由」や「社会通念上相当」というとても重要な鍵を握る部分について，明確な基準がありません。事業所は，この条文と裁判例だけを示されて，個々の具体的な事案において解雇してよいのかどうか検討しなければならないのです。はっきりいって，できるわけがありません。

　例えば，現代の時代背景から，飲酒運転をした労働者は，理由の如何を問わず解雇して当然だと思いませんか？　しかし，裁判例は，解雇を有効と判断したり，無効と判断したり，個々に異なるのが現実です。もし解雇して訴えられて敗訴した日には，事業所は「不当解雇」したと罵られかねないのが，日本の悲しい現状です。全く国益につながらないばかりか，むしろ国家の健全な発展にマイナスだと断じていい状況です。

　話が長くなりましたが，解雇は労働基準法違反でないこと，解雇が有効か無効かは最終的には裁判所の判断がなければ決まらないこと，についてご理解いただけたかと思います。

　このような事件の場合，時間と費用をかけずに解決するのに最も適した制度が，あっせん制度ということになります。

3　退職勧奨，雇止め

　解雇と似て非なる紛争として，退職勧奨，雇止め等があります。
　退職勧奨とは，事業所から退職を勧め，労働者が合意すれば退職が成立するものです。事業所からの働きかけによる合意退職です。
　雇止めとは，期間の定めのある労働契約の期間満了に際し，更新せずに契約終了することをいいます。原則として，期間の定めのある労働契約について，期間満了後更新の可能性があったことが前提となります。
　解雇と同様に，退職勧奨も雇止めも，そのこと自体は違法ではありません。個々の事案によっては，無効とされる場合があるのです。
　退職勧奨は，行きすぎた退職勧奨の場合は「退職強要」とされ，違法とされます。雇止めの場合，実質的に期間の定めのない労働契約と同じと認められる場合は，解雇権濫用法理に則って当，不当が検討されます。いずれも，解雇に準じた取り扱いです。
　解雇と同様で，退職勧奨や雇止めにも明確な基準がなく，当事者が有効か無効か判断することは極めて困難です。
　以上から，解雇の場合と同様に，あっせんによる解決が適した事案といえます。

4　いじめ，嫌がらせ

　いじめ，嫌がらせも，解雇と双壁ともいえるほど，あっせんに適した事案です。
　いじめ，嫌がらせについては，個々の事案によって内容は千差万別です。中には，本人の被害妄想的なケースもあるでしょうし，逆に，刑法の暴行罪や傷害罪に該当するようなケースもあるでしょう。
　最近は，パワーハラスメントの略語の「パワハラ」という言葉がよく使用されます。日本語にすると，いじめ，嫌がらせということになるかと思われますが，同じ行為でも，本人の受け取り方，感じ方によってパワハラになっ

たりならなかったりする場合があり，難しい事案です。
　いじめ，嫌がらせも，法律上具体的な基準がありません。1つの目安として，平成24年に厚生労働省ワーキンググループがまとめた報告書によるパワハラの6類型を紹介します。

> ①身体的な攻撃：身体への直接的な暴行，傷害など
> ②精神的な攻撃：脅迫，侮辱，暴言など
> ③人間関係からの切り離し：無視，隔離など
> ④過大な要求：遂行不可能な業務の強制，仕事の妨害など
> ⑤過小な要求：能力や経験と比較して極めて程度が低い仕事の強制，仕事を与えないなど
> ⑥個の侵害：私的なことに過度に立ち入ることなど
> 　※報告書には，「上司→部下」だけでなく，「同僚→同僚」や「部下→上司」の行為もパワハラとなりうることが示されています。

　①の身体的な攻撃はわかりやすいのですが，②から⑥については，まさしく本人の感じ方によって大きく変わってきます。労働法に直接明示的な規定もありません。
　また，一般に，いじめや嫌がらせの被害に遭った者の心理として，加害者と直接会いたいとは思いません。この点，あっせんを利用しても，直接相手方と顔を合わさないメリットが生かされます。また，いじめや嫌がらせは嫌な思い出であり，例えば裁判で長期間にわたって争うことに適するわけがありません。
　中には，自殺等結果が重大ないじめ，嫌がらせ事件もあります。この場合，遺族が申立人になりますが，遺族心情として徹底的に争いたいというケースも考えられます。この場合は，あっせんよりも，裁判所での手続きの方が適していると考えます。もちろん，遺族心理として，長期間争いたくなく，純粋に第三者を交えて解決したい場合は，あっせんは有効な手段です。
　以上から，いじめ，嫌がらせについても，あっせんによる解決に適した事案だと言えます。

5　賃下げ

　賃下げとは，そのままではありますが，賃金を引き下げることをいいます。賃下げ自体は，労働法違反ではありません。

　賃金は，労働契約によって定められます。中小企業の多くは，その後は事業所の裁量で昇給したりします。賃下げは，この反対で，降給です。

　労働法違反でないため，労働基準監督署に申告しても原則として是正勧告の対象とはなりません。もちろん，意味もなく一方的な賃下げが行われたのであれば，労働基準監督官も必要に応じた助言等はできますが，これ以上は難しい法律構成なのです。

　話の流れからお察しの通り，このような事案も非常にあっせんに適します。

　なお，賃上げについても，あっせん申立の余地があります。例えば，全員一律1万円昇給したのに，自分だけ1000円昇給だったというような場合が考えられます。おそらく事業所としては，何らかの理由があると思われます。しかし，こういうケースは，だいたい本人が納得していません。もしかしたら，この昇給が事実上退職勧奨に近い意味があるのかもしれません。個々の事案によって異なりますが，個別労働紛争となる可能性が考えられます。

　ただ，在職したままあっせん申立をすることは，それなりに勇気や覚悟を必要とします。ここだけの話（？）ですが，そのまま継続勤務を希望する場合は，事業所がなぜ自分だけ1000円昇給としたのか，理由をよく考え，どうすればみんなと同じ取り扱いになるのか，考えてみてほしいと思います。事業所には，事業所毎のルールがあります。これを無視して，個人の考え方ばかり主張すると，法律的には金銭的解決はみられるかもしれませんが，労使関係や他の労働者との関係が良くなるとは考えにくいのです。

6　賞与，退職金

　賞与，退職金に関する労働紛争も，少なくありません。そして，賞与も退

職金も，労働法で支払義務があるわけでもなく，もともと事業所による任意の制度です。

任意といえど，就業規則等でルールを定めれば，労働契約として効力を有するというしくみです。就業規則等に明確な取り決めがない場合は，過去の経緯等から労働慣行が成立しているケースも考えられます。

例えば，永年にわたって全く同額の賞与を支給し続けたケースであれば，突然半額になれば差額を請求するということは考えられます。また，退職者に対し，勤続年数に応じた退職金支給実績が多数あれば，だいたいの退職金相場が読めてくるため，退職金相場相当額の請求ということが考えられます。

賞与や退職金に関する労働紛争も，労働法違反に該当せず，あっせんに適した事案と言えます。

7　時間数が不明確な不払い残業代

前章で例に挙げましたが，残業があったことは間違いない，しかし時間数はわからない，というような事案です。始業終業時刻をきちんと記録していない事業所では，珍しくない事案です。

時間数がわからないといえども，だいたい大まかには推測できることが前提です。しかし，日や時季によって大きく異なるケース等，大まかな推測すら困難なケースも考えられます。それでも，相互に歩み寄って解決を探るあっせん制度には，馴染みやすいといえます。

ある程度特定できる状況であっても，それが一方の主張であって書証等もないケースも，あっせんは可能です。

いずれにしても，当事者双方が互譲の精神で解決を目指すあっせん向きの事案と言えます。

8　少額事案

労働紛争全般的に，少額請求の事案もあっせんに適します。理由は簡単で，少額事案は裁判に馴染まないからです。あっせんは，例えば「3万円請求」

でも全く構いません。

例えば，年次有給休暇を取得した日の賃金が支払われないことが度々あったとします。1日につき仮に1万円とすると，数日分なら数万円です。年次有給休暇取得日の賃金を支払わないことは，労働基準法違反です。年次有給休暇を取得したこと，その対価を支払っていないことに争いがなければ，年次有給休暇取得日の賃金不払いということで，労働基準監督署への申告事案となります。

しかし，本人は年次有給休暇を取得したと主張し，事業所は年次有給休暇の申請を受けていないと主張している場合で，しかも双方に書証等がない場合はどうでしょうか。このあたりに，あっせん制度の利用が考えられるわけです。

9 あっせん向き事案のまとめ

あっせん向きの事案例を紹介して参りました。
ちょっとまとめてみます。

・解雇，退職勧奨，雇止め
・いじめ，嫌がらせ
・賃下げ，賞与，退職金
・時間数が不明確な不払い残業代
・少額事案

特徴がありますね。

時間数が不明確な不払い残業代と少額事案を除けば，すべて「労働基準法違反にあたらない事案」です。

時間数が不明確な不払い残業代と少額事案については，労働基準法違反にあたると思われるようなケースであっても，最終的に客観的に確定できないような事案です。

言い替えますと，「明確な労働基準法違反で，事業所が支払うべき額も法律

上計算可能」な場合を除けば，広くあっせんが可能といえます。

　その中でも，特に実績としても多くを占めるのが，解雇とパワハラということになります。

第4章　あっせん機関とあっせん関係者

　本章では，あっせん機関やあっせん関係人物等について確認したいと思います。

　今更ですが，労働局あっせんは「あっせん申請」といい，社労士会あっせんは「あっせん申立」といいます。言葉は違いますが，意味はだいたい一緒だと考えていただいて結構です。本書は，基本的に「申立」を使用しますが，ところどころ「申請」を使用する場合があります。あまり深く考えず，読み飛ばしてください（笑）。

1　あっせん申請・期日前まで（労働局あっせん）

　労働局あっせんの申請先は，労働局です。労働局といっても，様々な部署があります。直接あっせん申請書を受け付けるのは，労働局総務部です（個別紛争法施行規則第3条）。

　ところで，個別紛争法を思い出してください。例の通り，「情報提供，相談」，「助言，指導」，「あっせん」という3つの段階がありました。原則として，いきなりあっせん申請ではなく，その前に助言，指導等が行われるのが一般的です。そして，これらを受け付ける窓口として，全国共通の名称を定めています。「総合労働相談コーナー」です。

　都道府県総合労働相談コーナーの所在地，連絡先等については，巻末資料（172ページ）をご参照ください。

　まずは，各都道府県の総合労働相談コーナーに相談します。実績として，相談だけで解決したり，中にはあきらめたり，詳細は分かりませんが「次」に進まないケースも多々あるようです。

　「助言，指導」が，具体的に「相談」とどう違うのかは，個々の事案に応じ

て線引きが難しいところです。助言，指導は，基本的に労働局が解決の方向性を示すこととされています。労働局職員が，紛争の相手方に直接電話をするケースもあるでしょうし，相談者本人に具体的な方法等を示して報告を受けるケースもあるでしょう。

　この助言，指導の結果，紛争が解決せず，相談者があっせん申請を希望するときは，あっせん申請という流れになります。いわば，労働局あっせんは，「指導前置主義」といってもよいようなしくみです。

　福岡労働局の場合，総務部企画室の職員のうち2名の職員が，あっせん事務を担当しています。2名の担当者が，あっせん申請の受理，相手方への通知，相手方あっせん参加・不参加の確認，相手方あっせん参加の場合はあっせん委員の選任及び期日決定，相手方へ答弁書または質問書回答の依頼及び受付，双方の代理人等の確認，あっせん期日における記録等，これらすべてを行います。大変だと思います。

　私自身，労働局あっせんに関しては，使用者側代理人として何度も参加したことがあります。企画室の担当職員は，常に中立の立場で一件一件丁寧に対応してくれます。不満に感じたことは一度もありません。以下，使用者側代理人の視点から，労働局あっせんの流れを説明します。

　顧問先事業所にあっせん申請があったこと，及び参加・不参加を問う文書が届きます。この場合の事業所を「あっせん被申請人」といいます。被申請人である事業所から，顧問社会保険労務士の私に連絡があります。

　そして，あっせん事案について，事業所と社会保険労務士との打ち合わせです。基本的に，あっせんには参加する方向で，その後の対策を協議します。

　比較的すぐに，労働局企画室に，あっせんに参加する旨電話連絡し，同時に口頭で私が代理人として参加することを伝えます。この連絡を受けて，企画室職員が，代理人選任届の提出要請と，回答書の提出を求める文書を送ってくれます。

　回答書の提出を求める文書がすごいです。個々の事案に応じて，予想

される争点について事前に説明や事業所の考え方を求める内容です。それも，客観的にみて，非常に的確です。あっせん期日において，あっせん委員は非常にやりやすいのではないかと思います。各都道府県によって異なると思いますが，福岡労働局あっせんは，このあたりも非常に優れた機関だと思います。

事業所側からは，回答書に沿って回答案を作成し，労働局に提出します。あとは，あっせん期日を待つことになります。

あっせん期日は，概ね申請から1カ月を目処にしていますが，実際にはあっせん委員の都合や会場確保の都合等，いつも1カ月程度で開催されるとは限りません。中には，2カ月後等になる場合もあり得ます。

2　あっせん申立・期日前まで（社労士会あっせん）

社労士会あっせんの申立先は，社労士会労働紛争解決センター（以下，「センター」と略します）です。ほとんどの都道府県社会保険労務士会がセンターを設置していますが，基本的に事務局は都道府県社会保険労務士会事務局の中に置かれています。

労働局あっせんの場合は，「相談前置主義」のようなしくみでしたが，社労士会も少し似ています。各都道府県のセンターが，総合労働相談所（都道府県によって名称が違う場合もあります。福岡県は，「総合労働相談室」といいます）を置いています。まずはここで相談があり，その中で，あっせんに適した事案はあっせん申立を案内するような流れです。

都道府県毎のセンターの所在地，連絡先等については，巻末資料（173ページ）を参照ください。

一方で，社労士会としての特徴もあります。所属会員が社会保険労務士であることから，既に社会保険労務士への相談があり，その社会保険労務士があっせん申立書を作成して申し立てるケースがあります。この場合，ここから改めて総合労働相談所に相談する必要性がありません。いきなりあっせん申立書が提出されても，内容に不備等がなければ受理することになります。

センター福岡の場合，事務局職員のうち1名があっせん担当職員です。ほとんどの事務を，この職員が担当しています。事務局の長として，事務局長も関与します。

実際にあっせん申立書が提出されると，担当職員は，受理・不受理の判断をセンター副所長に求めます。センター副所長から受理の連絡があり次第，あっせん被申立人宛に，あっせん申立があったこと，あっせん期日への参加・不参加の回答を求める文書を発送します。

被申立人から参加する旨回答があれば，あっせん委員と副所長，運営委員の都合を確認して期日を設定します。

ところで，センター福岡の場合，被申立人に対して必ずしも答弁書の提出を義務づけていません。実際にあっせんを開催することに重きを置いています。そういえば，被申立人の代理人から，「答弁書が間に合わないから期日を遅らせてほしい」という要望があったことがありました。このときも，「答弁書はなくても構わないから，期日に参加してほしい」という回答をしたところです。

ここまでくれば，後は期日を待つだけです。

ところで，福岡労働局職員も褒めましたが，こちら福岡県社労士会事務局職員も本当に素晴らしいです。センター福岡開設以来，ずっと1人でほとんどすべての事務を担当しています。常に的確で，判断が必要な際はきちんとセンター副所長に判断を仰ぎ，決して出過ぎることもなく，完璧といってよい仕事ぶりです。

3　管轄あっせん機関

各都道府県の労働局あっせんまたは社労士会あっせんには，当然ながら管轄があります。申立ては，管轄あっせん機関にする必要があります。管轄は，「事業所所在地」を管轄するあっせん機関となります。

例えば，事業所所在地が福岡県，労働者が熊本県在住の場合，この労働者は福岡または熊本のどちらにあっせん申立をしたらよいでしょうか？

答えは，事業所所在地ですから，福岡ということになります。

では，本社が東京，支店が福岡，労働者は福岡支店勤務で山口県在住の場合はどうでしょうか？

この場合，もし東京だとすれば，労働者にとってかなり酷ですね。「労働紛争解決の促進」の精神に大いに反します。答えは，労働者の勤務先事業所である福岡になります。

元センター副所長のちょっと裏話です。

東京本社で，福岡支店に勤務していた労働者が退職後にあっせん申立をする事案は，珍しくありません。

この場合，被申立人である事業所は，福岡支店の長が参加するのが妥当と思われます。しかし，支店が極めて小規模である場合や，そうでない場合でも労働紛争は本社が対応している場合等は，本社対応となることがよくあります。

実際，あっせん期日に，東京本社から福岡まで来られてあっせんに参加するという事案があるのです。

申立人及び被申立人だけでなく，あっせん委員も，当日担当の運営委員も，みんなが和解成立を祈る気持ちになるものです。その結果，和解成立の確立も高い！ような気がします（笑）。

4 申立費用

労働局あっせんは申立費用は無料ですが，社労士会あっせんは原則有料です（概ね，1000円〜1万円＋消費税）。

社労士会のあっせん申立費用は，申立人が負担します。被申立人は，労働局あっせんも社労士会あっせんも，参加による費用はかかりません。

ここでまた元センター副所長のちょっと裏話です。

センター福岡の副所長は，あっせんが開催されれば必ず立ち会います。立会と言っても，あっせん委員ではないので，説明等を除けば控え室における

立会ですが。

あっせん期日で和解成立して和解契約書締結も完了した後，被申立人が財布を出しながら「今日の手数料はいくらですか？」……。

副所長は2名ですから，私も全件のうち半分は立ち会ったことになります。私が立ち会った中で，確か2〜3回このように聞かれたことがありました。もちろん無料だと説明するのですが，被申立人から，「じゃ，これはボランティア？」と聞かれます。その通りで，社労士会としては開催すればするだけ赤字です（笑）。

しかし，あっせん和解が成立し，被申立人からお金を払いたい（？）と思っていただけることは，この上ない喜びです。

赤字だと言いましたが，社労士会センターは黒字を狙っている組織ではありません。あくまでも社会貢献事業の一環です。

本音は，多くの国民への社会保険労務士制度の周知，社会保険労務士の活用の促進，社会保険労務士制度の基盤の盤石化等にあります。

5　あっせん当事者

あっせん当事者とは，あっせん申立人とあっせん被申立人です。ほとんどの事案において，申立人が労働者，被申立人が事業所です。少数ではありますが，申立人が事業所，被申立人が労働者ということもあります。個別労働関係紛争ですから，申立人と被申立人が双方とも事業所だったり，双方とも労働者だったりすることはありません。

労働者とは，原則として事業所に雇用される労働者をいうのですが，退職後であっても含まれます。退職後に，退職金や解雇等に関する紛争についてあっせん申立が可能です（もちろん，長期間経過していないことが前提です）。

事業所については，法人事業所・個人事業所を問いません。

先に述べましたが，あっせん申立人は，9割以上が労働者です。労働紛争の限りなく100％近くは，事業所が「お金を支払う側」で，労働者が「お金をもらう側」であることが理由と言えるでしょう。

事業所が申立人の割合は2～3％程度でしょうか。非常に珍しいといえます。しかし，事案によっては，有効活用が考えられます。
　労働紛争は，まずは自主的解決が図られることが望ましいのですが，決裂した結果，あっせん，労働審判，労働裁判等が活用されることにつながるわけです。ほとんどの場合，労使間の信頼関係など全くありません（笑）。
　この瞬間の事業所の多くは，「待ちの姿勢」となりがちです。中には，待った結果，何事もなく時間が過ぎ去ることもあります。これはこれでよいかもしれませんが，時効消滅までは提訴される可能性も残りますし，できればきちんと解決して区切りをつけたいところです。
　ところで，自主的な解決に至らなかった理由は何でしょうか？　個々の事案毎に理由も異なりますが，多くの場合，根底に信頼関係の破綻という共通事項もあるわけです。信頼関係が破綻しているため，自主的解決は絶望的です。しかし，間に中立的立場の専門家が入ってくれたら……個々の事案の内容に加え，双方の考え方や性格等も絡みますが，自主的解決と比較すれば，飛躍的に解決可能性が見えてきます。
　ここに，事業所からあっせんを申立てる検討余地があるわけです。

　例えば，退職勧奨した従業員から，「退職には応じられない。どうしても辞めさせたいのなら，解雇してくれ」と言われたとします。解雇してくれと言われても，という感じで，事業所としては解決金を提示してみたところ，とにかく解雇にしてくれの一点張り。このような場合の選択肢の一つとして，あっせん申立が考えられます。
　従業員には，公平中立な第三者を交えて，条件を協議しようともちかけます。従業員から，あっせん制度について一定の理解を得られれば，あっせん期日に参加してもらえることになると思います。
　こうなれば，後はあっせん委員を通じて，退職と引き替えの条件を決めればよく，従業員が望むなら解雇扱いになっても構いません。あっせんで和解成立するわけですから，たとえ解雇であっても後日訴えられる心配がなくなります。
　事業所側からのあっせん申立は，事案によっては簡単，迅速な紛争解決に

つながる可能性を秘めています。ぜひ有効活用していただきたいと考えます。

6　代理人

　あっせん当事者は，申立人，被申立人とも，単独であっせん参加して構わないのですが，任意で代理人を選任することもできます。

　申立人が代理人を選任した場合は，申立人と代理人とが打ち合わせをし，代理人が申立書を作成することが一般的です。被申立人の場合は，あっせん申立を受け，それから専門家に相談し，あっせんに参加すると決め次第代理人選任することとなります。

　代理人を選任した場合は，一般的には申立人または被申立人と代理人が一緒にあっせんに参加します。当事者にとっては，本当に心強いといえます。さらに，あっせん委員にとっても，代理人が参加した方が話がスムーズとなることが多く，原則として歓迎です。

　中には，あっせん期日において，代理人だけが参加するというケースもあります。代理人だけが参加する場合，金額等の最終決定の確認等のため，通常はすぐに当事者と携帯電話等で連絡が取れる状態にしています。

　代理人になれるのは，弁護士か特定社会保険労務士です。特定社会保険労務士とは，社会保険労務士のうち，紛争解決手続代理業務試験に合格して登録した者をいいます。労働法の専門家に代理人を依頼することで，安心してあっせんに臨むことができますし，和解条件に関しても様々なアドバイス等を受けられます。

　代理人選任の唯一（多分……笑）のデメリットは，代理人報酬が必要となることです。報酬額は，受託する専門家によって異なるため，一概に言えません。一般に，最初に着手金が必要で，和解成立の場合は成功報酬が追加となるケースが多いと思います。

　代理人選任に際しては，弁護士，特定社会保険労務士のいずれの専門家であっても，確認しておきたいことがあります。

　まず，その専門家が通常において事業所側または労働者側のいずれの立場

で業務を行っているかという点です。同じ労働法の専門家でも、それぞれの頭の中で異なる解釈や、基本的な思想があります。解雇と聞いた瞬間、「事業所＝加害者、労働者＝被害者」と決めつけて考える専門家もいれば、逆に法律上認められそうにない解雇であっても、事業所に共感する専門家もいます。

次に、意外と労働紛争を得意とする専門家は多いわけではありません。このあたりも重要です。

最後に、最も重要かもしれませんが、相性です。その他の条件がぴったりでも、相性が合わない人とは、合わないものです（笑）。人間ですから、これは仕方ありません。ただ、相性が合わなくても信頼できる専門家というケースはあるかもしれません。逆に、相性は合うが、仕事が任せられるか不安な専門家というケースもあるでしょう。この場合は、依頼者がどちらを重視するか、最終判断で決めるしかありません。

ところで、弁護士は代理人としていかなるあっせん事案であっても代理人になれますが、特定社会保険労務士は一部制限があります。

特定社会保険労務士は、労働局あっせんにおいては、請求額の多寡にかかわらずあっせん当事者の代理人になれます。

しかし、社労士会あっせんについては、少し制限があるのです。具体的には、請求額が120万円以下であれば問題ありませんが、120万円を超えると弁護士と特定社会保険労務士の共同受任であることが条件となります。このような取り扱いの理由は、社労士会あっせんがADR法に基づく民間型あっせん機関だからです。「公」の機関のあっせんでない民間型あっせんの場合は、高額な事案について一定の制限があるわけです。弁護士はよくても、特定社会保険労務士はダメ、という取り扱いは、極めて残念に思います。

特定社会保険労務士が代理人となれる労働紛争に関する手続等について、簡単に挙げておきます（社会保険労務士法第2条1の4号から1の6号）。

1の4　労働局あっせん手続
1の4　男女雇用機会均等法，育児介護休業法等に基づく調停手続
1の5　労働委員会が行う個別労働紛争に関するあっせん手続

1の6　ADR法に規定する民間型機関による個別労働紛争解決手続
　　　　※1の6については，目的額が120万円を超えるときは，弁護士
　　　　　と共同受任であるものに限る。

　ところで，業として報酬を得る目的がなければ，弁護士，特定社会保険労務士でない者であっても代理人となることは可能です。このような場合は，直接労働局または社労士会センターにご相談ください。

7　補佐人，参考人

　あっせんが開催されたときは，原則として申立人と被申立人の両当事者が参加するのが原則です。しかし，既述の通り，代理人が選任されれば，代理人も参加します。
　ところが，当事者でも代理人でもない人があっせんに参加することがあります。原則として，あっせん委員が必要と認めれば，参加できるのです。
　センター福岡においては，「参考人」という名称にしています。

　労働者の場合，配偶者，親，子などが付き添って参加希望することがあります。私は直接経験はありませんが，同じ職場の同僚等も考えられると思います。
　特に，申立人本人の健康上の理由がある場合等は，認めないあっせん委員はいないと思われます。単に「一人では不安」という理由であっても，特に断る必要はないと考えます。もちろん，単に横にいてほしい程度の理由であれば，発言しないことを条件に同席を認めるということでもよいかと考えます。
　事業所の場合，最も多いのが，社会保険労務士です。労働局あっせんであれば代理人となるところ，社労士会あっせんの場合は目的額が120万円を超えると代理人になれません。そのため，参考人として同席を希望することにつながるわけです。
　その事業所の顧問社会保険労務士が同席した方が，当然話はスムーズです。

あっせん委員が認めないとは考えにくいと思います。

　少し話が変わりますが，労働委員会の不当労働救済申立事件の審査期日等においても，社会保険労務士は補佐人として参加します。私自身，過去に5～6事件について参加したことがありますが，労働委員会が参加を拒否したことは一度もありませんでした。
　反対に，労働審判の期日については，福岡地裁は以前は社会保険労務士の同席を認めることがあったものの，ここ数年は完全に認めない方針になってしまっておりました（福岡地裁小倉支部は，相手方が反対しなければ同席できました）。その後平成27年4月1日，改正社会保険労務士法が施行され，社会保険労務士に裁判所における「出廷陳述権」が認められるに至っております。今後は，労働審判においても補佐人的な参加が認められることになるでしょう。

8　あっせん運営関係者

　労働局あっせんの場合，既述の通り労働局職員が運営事務等を担当します。総務部企画室の職員2名です。あっせん期日におけるあっせん委員の業務を除き，事実上すべて担当します。
　個別紛争法施行規則第3条は，「（紛争調整）委員会の庶務は，その置かれる都道府県労働局総務部において処理する。」と明示しています。

　社労士会あっせんについては，センター福岡の事例を紹介します。
　まず，既述の通り，福岡県社会保険労務士会事務局職員が，多くの事務を担当します。
　センター福岡の組織として，あっせん委員と事務局担当者の他に，所長，副所長2名，運営委員8名，運営委員弁護士1名がいます。このうち，あっせん期日において，副所長1名，運営委員1名が立ち会います。立ち会う担当者は，両当事者が来所された際の部屋への誘導，当事者へのあっせんについての説明，あっせん委員への説明等，当事者のトイレ等の案内，当日判断

を要する事項が生じた際の判断，終了後の見送り等を担当します。

なお，所長，副所長，運営委員は，定期的に委員会を開催しています。

9　あっせん委員

最後に，あっせん委員です。あっせん期日において，両当事者の言い分を聞き，労働紛争の解決を図るためあっせん案を提示したり，和解契約書を作成したりします。あっせん制度において，最も重要な役割を演じるといっていいでしょう。

労働局あっせんの場合，各都道府県の紛争調整委員会の委員が，あっせん委員です。委員の数は，個別紛争法施行規則第2条で次の通り定められています。

> 東京36人，大阪21人，愛知15人
> 北海道，埼玉，千葉，神奈川12人
> 茨城，長野，静岡，京都，兵庫，奈良，福岡9人
> その他の紛争調整委員会6人

お気づきの通り，いずれも「3の倍数」です。あっせんは，3人のあっせん委員で行うと定められているため（個別紛争法第12条第1項），3人毎輪番等で担当できるように考えられた人数です。

ところが，実態は全く異なります。労働局あっせんは，1人のあっせん委員で行われることが常態化しています。その根拠は，「あっせん委員は，必要があると認めるときは，あっせんの手続の一部を特定のあっせん委員に行わせることができる。（個別紛争法施行規則第7条第1項）」というものです。

あっせん1事件について，最初にあっせん委員3名が指名されます。しかし，そのうち1名だけが期日においてあっせん委員を務めているというのが実態なのです。

福岡紛争調整委員会のあっせん委員は，すべて大学教授と弁護士です。

社労士会あっせんの場合，各センターによって異なります。福岡センターの場合，あっせん委員は，特定社会保険労務士と弁護士で構成しています。あっせん委員という名称は，あっせん期日における名称で，普段はあっせん委員候補者と呼称しています。

特定社会保険労務士委員は20名以内，弁護士委員は8名以内を選任します。実際には，特定社会保険労務士委員10名，弁護士委員6名程度で運用しています。特定社会保険労務士については，社会保険労務士登録5年以上等を要件としています。

あっせん期日においては，弁護士委員1名，特定社会保険労務士委員2名があっせん委員に指名されます。そして，実際に3名ともあっせんに参加し，あっせん委員として活動します。

他のセンターもほぼ同様ですが，あっせん期日は特定社会保険労務士委員2名が参加するパターンが多いようです。

労働局あっせんと社労士会あっせんの最も大きな違いは，実はこの点だと思います。あっせん委員が1名の場合，その1名の主観で和解成立が見込めないと判断されれば打ち切られてしまいます。しかし，あっせん委員が2名または3名の複数であれば，複数のあっせん委員の全員が打ちきりと判断しない限り，和解を探る協議が続きます。

このことが粘り強いあっせんとなり，最後の最後に大逆転和解成立をもたらすこともあるわけです。

第5章 あっせん申立と被申立

　本章では,実際のあっせん申立と,反対に申し立てられたときの対応他,あっせん申立書の書き方等について,確認します。
　　※実際の書式等は,巻末資料を確認ください。
　あっせん申立人は,ほとんどが労働者側なので,この前提で進めたいと思います。
　あらかじめ申し上げておけば,あっせん申立書は,極めて簡単に作成できます。あっせんは,本当に手軽で簡単な制度なのです。

1　申立書

　労働局あっせんの場合,第1章で説明しましたとおり,まずは総合労働相談コーナーでの相談を経て,最終的にあっせん申請,という流れです。
　あっせん申請の手続きそのものは,極めて簡単です。所定の「あっせん申請書」(様式第1号(第4条関係))に必要事項を記入し,提出するだけです。
　　※「あっせん申請書」の様式は,巻末資料(164ページ)を確認ください。
　　※「あっせん申請書」は,労働局で受け取るか,または各労働局のホームページからダウンロードしてください。
　紛争当事者である労働者及び事業所の名称・所在地等を記入し,あとは次の3つの記載です。

- ・あっせんを求める事項及びその理由
- ・紛争の経過
- ・その他参考となる事項

「あっせんを求める事項及びその理由」欄は，紛争に至る経過を記載します。例えば解雇されたのであれば，どのような諸事情があって，いつ，誰から，どのように解雇されたかを記載します。その上で，その解雇が不当であるとか，解決金としていくらくらいの支払いを求めるとかを記載するとよいでしょう。

「紛争の経過」欄は，労働紛争になっていることについて記載します。例えば，解雇された後に，いつ，誰に対し，解決金等を求めたところ，拒否された等です。

「その他参考となる事項」については，提出時に労働局職員から，具体的にこのようなことを書いてください，等の指示があると思います。あらかじめ書いておく場合は，「訴訟は提起しておらず，他の解決期間も利用していない。会社に労働組合はない」等と記載します。

書き方は，労働局の窓口で教えてもらえると思いますが，労働局のホームページ等にも記載例があるので，参考になります。特に長野労働局のホームページには，①普通解雇，②整理解雇，③懲戒解雇，④労働条件（賃金）引き下げ，⑤労働条件（退職金）引き下げ，⑥配置転換，⑦退職勧奨，⑧懲戒処分，⑨採用内定取消，⑩雇止め，⑪昇給，昇格，⑫労働者派遣，⑬いじめ，嫌がらせ，⑭人事評価について，実に14パターンの記載例が紹介されています（平成27年7月25日現在）。

本書の演劇脚本に従ったあっせん申請書の記載例も，巻末資料（168ページ）にて紹介しております。ご確認ください。

社労士会あっせんの場合も，手続は同様です。ただ，少し様式が異なります。まず様式のタイトルが，労働局あっせんは「あっせん申請書」でしたが，社労士会あっせんは「あっせん申立書」です。

　　※「あっせん申立書」の様式は，巻末資料（166ページ）を確認ください。
　　※「あっせん申立書」は，各社労士会センターで受け取るか，または各社労士会センターのホームページからダウンロードしてください。なお，各センターによって微妙に様式が異なることがあります。

当事者として申立人，被申立人の欄の他には，次の2欄です（各センター

によって異なることがあります）。

・紛争の概要
・解決を求める事項（理由も含む）

「紛争の概要」は，紛争に至るまでの経過に加え，実際に紛争になったところまでを記載します。例えば，パワハラであれば，いつ，誰から，どのようなパワハラを受けたか記載し，さらに，いつ，誰に，どのような請求を行ったが受け入れられなかったことについて記載します。

「解決を求める事項（理由も含む）」には，求める解決内容を具体的に記載します。パワハラの場合は，例えば「精神的損害に対し，慰藉料として〇万円の支払を求める」のような感じです。

ちなみに，センター福岡では，「解決を求める事項（理由も含む）」欄の余白に，「他の紛争機関等は利用していない」というようなことを記載するよう促しています。

なお，申立書には，必要に応じて資料を添付します。

ほとんどの事件で添付が望ましい資料として，①労働条件通知書（または「雇用契約書」等），②給与明細書，が挙げられます。その他，事案の内容に応じて，関係資料を添付します。

解雇の場合は，解雇通知書等の書面があれば，添付します。パワハラ被害に遭って精神疾患等と診断された場合は，診断書を添付します。なお，事業所に対して書面で解決金等を請求し，拒否された経緯があるときは，その書面を添付します。

添付すべきかどうか迷う書類があれば，労働局または社労士会センターに相談されるとよいと思います。

事案の内容や書証によっては，あっせん不成立の場合は労働審判に移行することを視野に入れ，意識的に提出せずに伏せておく戦法も考えられます。

対象となるのは，相手方がその存在を知らないと思われる書類等であるケースが多いと思います。

あれこれもっともらしく書きましたが，あっせん申立書は非常に簡単に作成できることが特長です。巻末の記載例をご覧いただきますと，簡単であることがご理解いただけると思います。

2　申立書記載事項を別紙とする方法

巻末資料（166ページ）をご確認いただければわかりますが，申立書様式はＡ４サイズ１枚，しかも片面だけに記載するようになっています。はっきり言って，書き込むスペースが極めて限られています。

労働紛争の申立人は，多くの場合，言いたいことがたくさんあります。しかし，申立書様式だけでは，かなり制限があるのです。そこで，申立書には両当事者の情報だけしっかり記載し，その他の欄は「別紙の通り」とする方法があります。

労働者本人が申し立てする場合は，要点だけ様式に書き込むことがほとんどのように思います。逆に，特定社会保険労務士や弁護士が代理人になっている場合は，別紙とするケースが多いように思います。

別紙の場合も，申立書様式の欄に対応した記載が望まれます。しかし，別紙を読んで意味が分かれば，特に問題はないと思われます。中には，あっせん不成立となったら，即労働審判申立ができるような書面を作成して提出する専門家もいます。

ところで，あっせんは，原則１回だけで和解成立を目指す制度で，事実認定はいたしません。言い替えると，裁判ではないのですから，申立書に別紙を付けて事細かく漏らさず記載する必要はありません。

何か書き忘れても，あっせん期日にあっせん委員に伝えればよいのです。また，あっせん申立書提出後に，さらに追加書面を提出しても構いません。

元センター福岡副所長として多くの事案を受理した経験及び現役あっせん委員として，一言アドバイスをしたいと思います。

別紙記載自体は歓迎しますが，次の事項にご留意いただければと思います。

・何も事情を知らない第三者が見て理解できる文章とすること
・可能な限り時系列で記載すること
・何月何日の出来事か，誰の発言か，等を明確に記載すること
・細かすぎることは省略すること
・あっせん委員が目を通しやすい文量とすること

業界用語や社内用語は，通じないことがあります。

話があちこちに飛んで意味がわからない文章があります。時系列に記載することで，ほとんど防げます。別に箇条書きでも構いません。わかりやすいのが一番です。

誰の言動か，主語がはっきりしないケースがよくあります。主語をはっきりさせるという意識が必要です。

あっせん委員が知りたいのは，例えば解雇事件であれば，解雇理由は何か，どのようなやりとりがあったのか，解決金としていくら求めているのか，等に限られます。関連性が低いことや，あまりにも詳細な記載は不要です。裁判と異なって，事実認定はしないのです。

3 受理と通知

あっせん機関にあっせん申立書が提出されると，受理か不受理かが決められます。労働局あっせんの場合は，労働局担当職員が決定します。社労士会あっせんの場合は，センターによって多少異なると思いますが，センター福岡は副所長が決定します。

受理されないあっせん申立については，第2章で説明したとおりです。そして，既述の通り，受理されない理由で最も多いのが，「労働紛争に至っていない事案」です。

解雇された，パワハラに遭った，等だけでは，まだ紛争とは言いません。解雇されて職場復帰を求めたところ拒否された，パワハラに遭って慰藉料を

求めたところ無視された，となった時点で，労働紛争となるのです。
　紛争になっていない状態で申立書が提出された場合は，原則として申立人に対して，事業所に直接請求するようアドバイスがなされます。それで解決すれば終了ですが，しなければ，そこであっせん申立となるわけです。

　あっせん申立書が受理されたら，あっせん機関は，相手方である被申立人に対して速やかに通知をします。
　通知には，次の事項が記載されています。

> ・あっせん申立があったこと（あっせん申立書（写）添付）
> ・あっせん制度の簡単な説明
> ・あっせんに参加するかどうか回答を求めること

　回答期限は，概ね2週間後に設定されます。参加の回答があれば，それから2週間以上先のあっせん期日を決定します。ちょうど，申立てした日から1カ月後くらいになります。
　ところで，被申立人は，あっせんに参加する義務がありません。だから，この通知を受け取っても，「参加しない」と回答すれば，あっせんは打ち切りです。
　労働局あっせんは，福岡労働局の場合，通知から比較的早い段階で担当職員が被申立人に電話連絡をするようです。社労士会あっせんは，センター福岡の場合，原則として1週間以上経過しても回答がない場合に限り，被申立人に回答を促す電話をするよう心がけています。
　センター福岡が回答を促す電話は，副所長が行います。ほとんどの被申立人は事業所なので，まず誰に尋ねてよいかが難しいです。また，既にセンター福岡から通知が届いているのですが，あっせん制度はなかなか認知度が低い制度です。中には，申し立てた労働者の一味のように思われ，敵愾心（てきがいしん）をもって話をされることもあります。
　基本的には，中立的立場の機関であること，裁判ではないこと，参加義務はないこと，参加すれば納得できる条件で紛争解決の可能性があること，等

を伝えて参加を促します。

　雇用する労働者，または退職直後の労働者等があっせんを申立てたときは，事業所はぜひあっせんに参加するべきだと思います。その理由を挙げてみます。

> ・費用がかからない
> ・１日だけ３時間程度で終わる
> ・中立的立場の専門家が間に入ってくれる
> ・紛争解決の可能性がある
> ・条件が合わなければ，無理に和解する必要がない
> ・相手の主張等を知ることで，後日労働審判等に移行した際の情報収集になる

　あっせんは，当事者双方にとって，本当に良い制度だと思います。事業所が被申立人となったときは，ひとまず顧問社会保険労務士または顧問弁護士がいれば，相談してみてください。万一，「あっせんは参加義務がないから応じなくてよい」とアドバイスされたら，顧問契約は解除した方がよさそうです（笑）。

4　答弁書

　被申立人が参加し，あっせんが開催されることになったら，被申立人はあっせん申立書に対する答弁書を準備することになります。
　福岡労働局の場合，既述の通り労働局職員が予想される争点をまとめた質問書のような書面を作成し，送ってくれます。これに従って回答すれば十分です。
　センター福岡の場合，特に様式等も決めていませんし，答弁書が提出されなくてもあっせんは開催します。理想を言えば，簡単なものでいいので，何か提出してほしいところです。突き詰めれば，福岡労働局のように，予想さ

れる争点等を中心に質問書を送ることができればよいのですが……副所長にここまでさせると，きっと将来なり手がいなくなります（笑）。

　中には，裁判の答弁書のような立派なものを送ってくれる被申立人（実質的にはその代理人）もいます。裁判ではないので，認否の重要性がそこまでありませんが，あっせん委員にとっては良い情報かもしれません。ただ，本当は事実なのに，相手方が立証できないだろうことを推測して否認したり，本当は覚えているまたは知っているのに「不知」とか回答されると，場合によっては相手方の心証を害すだけで，和解成立の障害になることもあります。

　確かに，その後労働審判や裁判になることを想定したら，そのようにしたくなるでしょう。しかし，あっせんですから，相手方と争うのが目的ではなく，目指しているのは和解だけだという認識で記載してもらえると有り難いところです。

第6章 あっせん期日

　あっせんが具体的にどのように進められているか等は，参加して初めてわかるものです。

　しかし，初めて参加する場合でも，特に悩まず進行できるよう運用が確立されています。それでも，あらかじめわかっていると，だいぶ違います。

　本章では，あっせん期日における控え室から和解契約書作成までの流れについて，確認します。

1　労働局あっせん（当事者控え室）

　労働局あっせんのケースは，またまた福岡労働局の例で説明します。

　両当事者は，労働局総務部企画室に出頭します。申請人13時30分，被申請人14時までに開始できるよう出頭を求められることが基本です。

　出頭すると，控え室に案内されます。ここで一つ注意があります。大丈夫とは思いますが，相手方の控え室は隣です。複数名で参加する場合，大声で話さないことです（笑）。

　福岡労働委員会の不当労働行為救済申立の審査期日の当事者控え室も，隣同士です。控え室の壁には，わざわざ声が隣に聞こえる恐れがあると注意書きがあります（笑）。

　福岡地裁の労働審判の場合，控え室がありません……審判官，審判員たちが協議する間は，両当事者ともお互いどこにいるのか見えるような場所で待っています。

　ちなみに福岡地裁小倉支部の労働審判の場合は，当事者にそれぞれ別々の控え室が用意されます。

控え室では，担当職員から本日の説明を受けます。それからは，呼ばれるまで待機です。
　やがて，担当職員が呼びに来ます。あっせんが行われる場所は別室です。担当職員について行く形で，別室に向かいます。別室にはあっせん委員がいて，このあっせん室に申立人，被申立人が交互に入って話を繰り返すしくみです。

　あっせん室には，あっせん委員1名，記録係として担当職員が1名または2名，そして当事者の一方です。
　ここで，あっせん委員から，提出した書面に関していろいろと質問を受けます。そして，申請人の場合は請求額に対していくらまで抑えられるか，被申請人の場合はいくらまでなら支払えるか，等を聞かれます。そして，交代です。
　当事者の控え室が隣なので，担当職員は，あっせん室から一方当事者を確実に控え室に入室させてから，反対当事者を連れてあっせん室に向かいます。当事者はお互いに顔を合わさないしくみなのです。
　この顔を合わさないしくみは，あっせんの大きなメリットの一つです。中には，あっせん期日に「直接本人に話したい」と申し出る方もいらっしゃいます。しかし，原則として「絶対に×」です。もちろん，双方が直接話したいと望むのであれば，あっせん委員の判断になるのかもしれません。
　私が立ち会ったあっせんで，たった1例だけ，和解成立直後に相手方とあっせん委員の承諾を得て，両当事者が対面して円満に握手を交わしたことがありました。異例中の異例だと思います。

2　労働局あっせん（あっせんの進行）

　事案によりますが，あっせん委員と，申請人及び被申請人との話が一巡すると，次は和解条件の詰めに入っていきます。ほとんどの事案において，「和解金をいくらとするか」という点に絞られてくるわけです。
　ここがあっせん委員の腕の見せどころです。例えば，明らかに解雇権濫用

と思われる解雇事件において，事業所が頑(かたく)なに1カ月分以上は支払わないと主張しているとします。労働者の当初の請求は賃金1年分でしたが，6カ月分まで譲歩しているとします。

　この事件で和解成立させるためには，客観的には，事業所がもう少し支払わなければならないと考えられます。ここであっせん委員は，もし本件が裁判になったらどのくらいの支払いになる可能性があるか，また，バックペイの仕組み等を説明しつつ，事業所を説得します。もし6カ月分まで引き出せればすぐに和解成立です。そうでないとしても，「頑なに1カ月分」を崩す必要があります。どうしても崩れなければ，あっせん打ち切りも視野に入ります。

　ここでまた悩ましい問題があります。労働者側が，それなら1カ月分で和解したいと申し出ることも考えられるのです。専門家としての法律知識からいけば，1カ月分での和解はあり得ないと思われます。しかし，ここは裁判ではないのです。労働者の立場で考えると，裁判までは絶対にする気がなければ，どんなに低い金額でも，あっせんで和解成立しなければ1円すら受け取れない可能性が高いわけです。現実を見ると，1カ月分で和解することが，当事者双方の幸せなのかもしれないのです。

　あっせんによる和解成立の鍵は，「相互譲歩」略して「互譲」です。中立的立場のあっせん委員を通して和解に向けて話し合い，可能な限り相互に譲歩し，その互譲の結果が重なるかどうか，という話なのです。

　互譲の結果，非常に稀ですが，労働者が60万円まで引き下げてよいと言い，事業所が70万円までなら支払ってよいと言うようなことがあります。

　この場合，あっせん委員が和解額を決めるしかありません．あっせん委員の頭の中に，専門知識に基づいて考える妥当な和解額があるのであれば，その額に近い額を選択することになるのが基本です。しかし，特にそういうこともなければ，そのあっせん委員自身がもともと労働者寄りなのか，事業所寄りなのかによって和解額に影響が生じる場合もあると思われます。また，機械的に足して2で割るという考え方もあるかもしれません。

あっせん委員は，双方の主張があまりにもかけ離れていて，和解成立の見込みがないと判断したときは，いつでもあっせんを打ち切ることができます。このあたりが，あっせん委員によっても多少判断が異なってきます。

　私が事業所側代理人として参加したあっせんにおいて，あっせん委員が申請人，被申請人とそれぞれ1回ずつ話をし，そして2回目に呼ばれたときにはあっせんを打ち切られたことがありました。労働局に到着してから，1時間経ったくらいでしたでしょうか。個人的な感想として，「あり得ない早さ」でした（笑）。

　基本的に，あっせん委員は双方を「説得」して和解成立を目指すところがあります。単に双方の主張を聞くだけでなく，法的な見解や和解の相場等も示しつつ，双方の隔たりを埋める努力が必要です。

　もちろん，どうしようもないことも少なくありません。それでも，可能な限り和解成立を模索する姿勢は必要です。

　あっせん委員から，具体的な金額を求められたり，提示されたりしたときは，即答する必要はありません。「少し考えさせてください」と言って席を外し，よく考えて回答すればよいのです。

　また，代理人と同席している場合は，席を外して代理人と打ち合わせをすべきでしょう。

　他の事件で事業所側代理人として参加したあっせんにおいて，あっせん委員が具体的な金額を挙げて「これくらい何とかならないか」と説得を受けたことがあります。社長も同席していましたが，想定していた最高額を少し超えていました。それでも，社長は本日限りで労働紛争が終結するのであれば構わないということで，OKを出しました。

　それから相手方と入れ替わり，再度あっせん室に入ったときのこと，あっせん委員は，今度は先ほどの額からさらに2割ほど高い額を提示し，「何とかならないか」と言うではないですか。ちょっと席を外して打ち合わせをしたとき，既に夕方近い時間になりつつありましたが，社長の一言は，「早くビールを飲みたいから，提示された額でよいので早く終わりたい」というもので

した。

それからすぐに和解成立しましたが、これでよいのでしょうか（笑）。

最終的に、双方の話が折り合えば、和解成立です。
簡単に、かつ、ざっくり現実的に言い替えると、申請人が請求額からどこまで低く抑えてよいか、被申請人が請求額に対してどこまで支払ってよいかという額が重なれば、和解成立です。

3　社労士会あっせん

社労士会あっせんの場合も、あっせん期日については、ほぼ同様です。センター福岡の場合で説明します。

当事者の集合時刻は、基本的に福岡労働局と同様です。その前に、13時までにあっせん委員3名、副所長1名、担当運営委員1名が集合します。

当事者が到着したときの案内は、副所長と担当運営委員が行います。そして、そのままあっせん制度の説明等を行います。

福岡労働局と最も異なる点は、あっせんが行われる場所です。当事者双方が少し離れた部屋に入ってそのまま移動せず、あっせん委員が当事者双方が待つ部屋に交互に伺ってあっせんを行います。あっせん委員の打ち合わせ利用を主目的として、あっせん委員、副所長、担当運営委員の控え室が設けられます。

多くの場合、最初に申立人室にあっせん委員が入ります。あっせん委員3名、記録係（事務局職員）1名が入室します。目安時間は、30分です。30分近くなると、副所長または運営員が、「そろそろ交代です」と案内に来ます。そして、続いて被申立人室にあっせん委員と記録係が入室して話をする、という繰り返しです。

あっせん委員が3名なので、そう簡単には打ち切りません（笑）。かなり粘り強くあっせんが行われます。

社労士会あっせんも、双方が顔を合わせないしくみは同じです。センター

福岡の場合，双方とも別々の部屋であっせんが行われるため，出くわす可能性も低いと言えます。問題は途中のトイレ等ですが，一方であっせんが行われているときも，出入り口には副所長と担当運営委員が詰めていますので，とにかく顔を合わせない配慮をします。

また，あっせん終了後においても，時間差でお帰りいただきます。とにかく顔を合わせないためには，かなり注意しています。

4　和解契約書

和解が成立したら，すぐに和解契約書を作成します。

和解金額が決まっても，その支払期日や，支払い方法等の問題があります。中には，この期に及んで（笑），意見が食い違い，あっせん委員が決裂するんじゃないかとハラハラさせられることがあります。

それでも，ここまできて本当に決裂してしまうことは，まずありません。冷静に考えると，当事者双方ともが，互譲によって何とか和解にこぎ着けたばかりです。ここで「やっぱやめた！」とやると，紛争は継続中となってしまうのです。あっせんに参加した当事者は，和解を目的に参加していることを忘れてはならないと言えるでしょう。

和解契約条項として，必ず規定されるのが債権債務不存在条項です。和解成立によって相互にこの件は解決し，この他には何もないと確認するためのものです。

通常は，申立人及び被申立人の双方が，お互いに何ら債権債務がないことを確認します。しかし，極めて稀に，条件付き確認となることがあります。例えば，未払い残業代と解雇の争いで，解雇についてのみ和解する場合等が考えられます。部分的和解です。

これはあっせん委員の判断によるのですが，私は，争いの一部が継続してまうとしても，和解できる部分だけでも紛争を終結させることは，良いことではないかと考えます。

和解契約書は，当事者が記名押印するだけです。福岡労働局もそうしてい

ます。しかし、センター福岡の和解契約書は、あっせん委員3名も記名押印します。

和解契約書は3部作成し、両当事者に各1部ずつ、そして1部があっせん機関の控えとなります。

ところで、和解契約書は、一般的な契約書と同じ効力です。裁判の確定判決のような「債務名義」としての効力がありません。

万一、当事者の一方が和解契約条項に違反したときは、反対当事者は契約履行を求めて提訴しなければならなくなってしまいます。提訴さえすれば、あっせんで和解契約を締結しているわけですから、主張は全面的に認められるでしょう。しかし、あまりにも面倒です……。

簡易裁判所にて、「訴え提起前の和解手続」という制度があります。判決を求める訴訟を提起する前に、簡易裁判所に和解を申立てる制度です。当事者に合意があって、裁判所がその合意を相当と認めたときは和解が成立し、和解調書が作成されます。この和解調書は、債務名義となります。

そのため、あっせん機関は、和解契約書の締結にあたって債務名義でないことを説明することもあります。センター福岡では、和解契約書を強制執行認諾付き公正証書で作成すれば債務名義になることを説明しますが、実際に公正証書で契約することになった例は一例もありません。それでも、契約条項不履行となった例もありません。

それでも、全国の労働局あっせん、社労士会あっせんの実績を調査すれば、債務不履行となった例があるかもしれません。

あっせんの話ではありませんが、貸付金返済の確定判決を得ても、借りた本人が全く返済できなければ、いわゆる「ない袖は振れない」になってしまいます。

あっせんの場合に重要となるのが、あっせん委員による確認です。金銭支払いの場合、和解条項は確実に履行できることを確認して決定することが必要不可欠です。実際、あっせん委員はそうしています。このようなしくみのため、あっせん和解契約条項は不履行となる可能性が抑制されていると言ってよいでしょう。

個別労働紛争あっせん制度資料

- 平成26年度都道府県別個別労働紛争解決制度の運用状況について
    （平成26年4月1日～平成27年3月31日）
- あっせんの例
- あっせん申請書
- あっせん手続申立書
- あっせん申請書・委任状・代理人選任届〈記入例〉
- 「産経新聞」記事「労働紛争解決「あっせん制度」知っていますか？」
- 都道府県労働局内 総合労働相談コーナー一覧
- 社労士会労働紛争解決センター一覧

平成26年度都道府県別個別労働紛争解決制度の運用状況について

(平成26年4月1日～平成27年3月31日)

	労働局名	総合労働相談件数	民事上の個別労働紛争相談件数	労働局長の助言・指導申出件数	紛争調整委員会のあっせん申請件数
1	北海道	36,149	7,327	215	191
2	青森	12,546	2,380	97	21
3	岩手	10,144	2,791	127	46
4	宮城	22,343	6,328	214	76
5	秋田	7,257	2,947	82	57
6	山形	9,376	2,682	174	63
7	福島	16,355	5,688	44	42
8	茨城	20,432	5,588	185	109
9	栃木	12,060	2,663	136	97
10	群馬	15,838	4,542	142	56
11	埼玉	51,799	10,292	493	231
12	千葉	42,438	7,584	418	111
13	東京	118,356	26,962	576	1,073
14	神奈川	51,081	13,598	292	183
15	新潟	13,423	4,172	152	66
16	富山	6,732	1,860	63	40
17	石川	6,957	2,419	215	44
18	福井	5,862	1,708	132	27
19	山梨	5,772	1,225	26	21
20	長野	16,367	4,398	133	159
21	岐阜	15,773	4,361	101	63
22	静岡	33,039	5,486	467	102
23	愛知	79,561	16,352	814	370
24	三重	13,518	3,082	144	38
25	滋賀	10,162	2,529	188	73
26	京都	22,801	6,659	207	123
27	大阪	114,809	19,329	708	393
28	兵庫	51,155	15,568	930	275
29	奈良	8,912	1,859	90	83
30	和歌山	6,414	1,085	78	20
31	鳥取	4,010	1,633	42	40
32	島根	5,367	1,501	67	23
33	岡山	13,617	3,138	72	79
34	広島	27,665	5,031	140	73
35	山口	11,752	2,549	196	25
36	徳島	10,187	1,471	147	31
37	香川	7,077	1,583	76	19
38	愛媛	10,093	2,618	148	61
39	高知	5,098	1,170	34	31
40	福岡	41,957	6,034	291	72
41	佐賀	8,428	2,641	19	26
42	長崎	9,742	2,793	82	17
43	熊本	9,177	3,088	221	49
44	大分	5,951	2,078	80	20
45	宮崎	9,303	2,040	57	74
46	鹿児島	7,594	3,730	67	50
47	沖縄	8,598	2,244	89	67
	計	1,033,047	238,806	9,471	5,010

出典：厚生労働省，平成27年6月12日，プレスリリース

【あっせんの例】

事例1： いじめ・嫌がらせに係るあっせん	
事案の概要	申請人は、店長から、日常的に「バカ」「お前」などと言われ、精神的苦痛を感じており、店長に改善を求めて抗議をしたものの、店長は全く聞く耳を持たず、退職に追い込まれた。 　このため、精神的損失を被ったことに対する補償として、50万円の支払いを求めたいとしてあっせんを申請した。
あっせんの ポイント・結果	・あっせん委員が双方の主張を聞いたところ、被申請人は「バカ」や「お前」などといった発言は冗談であるとしていじめ・嫌がらせの事実を認めなかったものの、問題を解決するために、解決金として5万円を支払う考えを示した。 ・申請人は提示された解決金額について同意したため、<u>解決金として5万円を支払うことで合意が成立</u>し、解決した。

事例2： 解雇に係るあっせん	
事案の概要	申請人は、正社員として勤務していたが、社長から、「仕事に対するやる気が見えない。」と言われ、解雇を通告された。 　事前に注意や指導がなく、いきなり解雇されたため、納得がいかない。 　このため、経済的・精神的損失に対する補償金として、<u>100万円の支払いを求めたい</u>としてあっせんを申請した。
あっせんの ポイント・結果	・あっせん委員が双方の主張を聞いたところ、被申請人は、解雇予告手当を支払ったと主張したものの、あっせん委員の調整の結果、解決金として40万円支払う考えを示した。 ・申請人は提示された解決金額について同意したため、解雇予告手当とは別に<u>解決金として40万円を支払うことで合意が成立</u>し、解決した。

事例3： 雇止めに係るあっせん	
事案の概要	申請人は半年ないし1年の期間契約を反復更新して勤務していたが、「総合的に判断した結果、次期契約を更新しない」として、雇止めされて退職した。 　雇止めに納得がいかないので、<u>復職を求めるとともに、復職ができないのであれば、経済的・精神的損失に対する補償金として、30万円の支払いを求めたい</u>としてあっせんを申請した。
あっせんの ポイント・結果	・あっせん委員が双方の主張を聞き、被申請人に対し、解決の方向性を確認したところ、被申請人は申請人の復職には応じられないが、解決金として10万円を支払う考えを示した。 ・これを受けて、申請人に対し、解決のために金額の譲歩の考えを確認したところ、15万円程度であれば可能である旨考えが示された。 ・あっせん委員が、再度、被申請人に解決のための譲歩を促したところ、被申請人は申請人が提示した解決金額について同意したため、<u>解決金として15万円支払うことで合意が成立</u>し、解決した。

事例4：	退職勧奨に係るあっせん
事案の概要	申請人は、正社員として勤務していたが、「転職活動をしてみれば。」と退職を勧められ、事あるごとに同僚と比べられるようになり、精神的に耐えられなくなって、退職せざるを得なくなった。 このため、経済的・精神的損失に対する補償金として、64万円の支払いを求めたいとしてあっせんを申請した。
あっせんのポイント・結果	・あっせん委員が双方の主張を聞いたところ、被申請人は、あくまでも申請人の円満な自己都合退職であると主張したものの、問題を解決するために、ある程度の和解案に応じるつもりがある考えを示した。 ・解決金として双方譲歩可能な金額を確認し、調整した結果、30万円を支払うことで合意が成立し、解決した。

事例5：	自己都合退職に係るあっせん
事案の概要	申請人は会社から海外赴任を命じられたが、赴任予定日までの間、待機を命じられた上に、また、赴任後も業務内容や勤務態様が大幅に変化することが言い渡された。会社と話し合いをしたものの、折り合いがつかず、やむを得ず退職することにしたが、会社から、自己都合退職として取り扱われた。 会社の調整不足が原因で退職したと考えていたため、自己都合退職という扱いには納得できず、雇用保険手続きの際にハローワークに異議申立をしたところ、会社都合退職と認められた。しかし、会社を退職したことの損失を考えると、それだけではやはり納得できないので、経済的・精神的損失に対する補償金として、60万円の支払いを求めたいとしてあっせんを申請した。
あっせんのポイント・結果	・あっせん委員が双方の主張を聞き、被申請人に対し、解決の方向性を確認したところ、被申請人は、申請人の請求金額には根拠がないため応じられないが、解決金として、賃金額を元に計算した27万円を支払う考えを示した。 ・申請人は提示された解決金額について同意したため、解決金として27万円を支払うことで合意が成立し、解決した。

出典：厚生労働省，平成27年6月12日，プレスリリース

様式第1号（第4条関係）（表面）

あ っ せ ん 申 請 書

紛争当事者	労働者	氏名（ふりがな）	
		住所	〒　　　　　　　　　　　　　　　　　　電話　　（　　）
	事業主	氏名又は名称	
		住所	〒　　　　　　　　　　　　　　　　　　電話　　（　　）
		※上記労働者に係る事業場の名称及び所在地	〒　　　　　　　　　　　　　　　　　　電話　　（　　）
あっせんを求める事項及びその理由			
紛争の経過			
その他参考となる事項			

　年　　月　　日

　　　　　　　　　　申請人　氏名又は名称　　　　　　　　　　㊞

　労働局長　殿

様式第1号（第4条関係）（裏面）

あっせんの申請について

(1) あっせんの申請は、あっせん申請書に必要事項を記載の上、紛争の当事者である労働者に係る事業場の所在地を管轄する都道府県労働局の長に提出してください。
　　申請書の提出は原則として申請人本人が来局して行うことが望ましいものですが、遠隔地からの申請等の場合には、郵送等による提出も可能です。

(2) 申請書に記載すべき内容及び注意事項は、次のとおりです。
　① 労働者の氏名、住所等
　　紛争の当事者である労働者の氏名、住所等を記載すること。
　② 事業主の氏名、住所等
　　紛争の当事者である事業主の氏名（法人にあってはその名称）、住所等を記載すること。また、紛争の当事者である労働者に係る事業場の名称及び所在地が事業主の名称及び住所と異なる場合には、※上記労働者に係る事業場の名称及び所在地についても記載すること。
　③ あっせんを求める事項及びその理由
　　あっせんを求める事項及びその理由は、紛争の原因となった事項及び紛争の解決のための相手方に対する請求内容をできる限り詳しく記載すること（所定の欄に記載しきれないときは、別紙に記載して添付すること。）。
　④ 紛争の経過
　　紛争の原因となった事項が発生した年月日及び当該事項が継続する行為である場合には最後に行われた年月日、当事者双方の見解、これまでの交渉の状況等を詳しく記載すること（所定の欄に記載しきれないときは、別紙に記載して添付すること。）。
　⑤ その他参考となる事項
　　紛争について訴訟が現に係属しているか否か、確定判決が出されているか否か、他の行政機関での調整等の手続へ係属しているか否か、紛争の原因となった事項又はそれ以外の事由で労働組合と事業主との間で紛争が起こっているか否か、不当労働行為の救済手続が労働委員会に係属しているか否か等の情報を記載すること。
　⑥ 申請人
　　双方申請の場合は双方の、一方申請の場合は一方の紛争当事者の氏名（法人にあってはその名称）を記名押印又は自筆による署名のいずれかにより記載すること。

(3) 事業主は、労働者があっせん申請をしたことを理由として、当該労働者に対して解雇その他不利益な取扱いをしてはならないこととされています。

様式第10号（和解手続規程第8条関係）（表面）

あっせん手続申立書

<table>
<tr><td rowspan="3">紛争当事者</td><td rowspan="2">申立人</td><td>氏名（名称）</td><td></td></tr>
<tr><td>住所（所在地）</td><td>〒
Eメールアドレス
電話　　　　（　　）　　　　FAX　　（　　）</td></tr>
<tr><td rowspan="2">被申立人</td><td>氏名（名称）
住所（所在地）</td><td>〒
Eメールアドレス
電話　　　　（　　）　　　　FAX　　（　　）</td></tr>
<tr><td>※申立人が労働している事業場の名称及び所在地</td><td></td></tr>
<tr><td colspan="3">紛争の概要</td><td></td></tr>
<tr><td colspan="3">解決を求める事項
（理由も含む）</td><td></td></tr>
</table>

平成　　年　　月　　日

　　　　申立人　氏名（名称）　　　　　　　　　　　㊞

　　　　申立人代理人　　　　　　　　　　　　　　　㊞

社労士会労働紛争解決センター福岡　センター所長　様

様式第１０号（和解手続規程第８条関係）（裏面）

あっせん手続の申立てについて

申立書に記載すべき内容及び注意事項は、次のとおりです。
① 申立人の氏名、住所等
　　紛争の当事者である申立人の氏名（名称）、住所（所在地）等を記載して下さい。
② 被申立人の氏名、住所等
　　紛争の当事者である被申立人の氏名（名称）、住所（所在地）等を記載して下さい。また、被申立人（会社等の本店所在地）と異なる事業所で労働している場合はその名称及び所在地を記入して下さい。
③ 紛争の概要
　　紛争の内容及び紛争の原因となった事項が発生した年月日、又は当該事項が継続する行為である場合には、最後に行われた年月日を記載し、紛争に対する当事者双方の主張及びこれまでの交渉の状況等を詳しく記載して下さい（所定の欄が不足するときは、別紙に記載して添付して下さい。最初から別紙に記載してもよろしいです）。
④ 解決を求める事項（理由も含む）
　　紛争の解決のための相手方に対する請求内容（どうして欲しいのか。）とその理由を箇条書きにするなどできる限り詳しく記載して下さい（所定の欄が不足するときは、別紙に記載して添付して下さい。最初から別紙に記載してもよろしいです）。
⑤ 申立人の記名押印
　　申立人の氏名（法人にあってはその名称及び代表者）を記名押印又は自筆による署名のいずれかを記載して下さい。
⑥ 代理人を選任した場合は、代理人選任届を提出して下さい。
⑦ 申立書に書いた内容を証明する資料又はそれらに関連する資料がありましたらコピーを提出して下さい。
⑧ 他の紛争解決機関（裁判所の労働審判、労働局の紛争調整委員会など）に申請している場合はその旨記載して下さい。
⑨ 申立人が会社等の法人の場合は、本店を管轄する法務局（登記所）から、その代表者の資格を証する書面（登記事項証明書）を取得して添付して下さい。

〈記入例〉

様式第1号（第4条関係）（表面）

あっせん申請書

紛争当事者	労働者	氏名	とくなが あすか 徳永 明日香
		住所	〒814-XXXX 福岡市早良区XX1-1-1 電話 092（XXX）XXXX
	事業主	氏名又は名称	おがわらーめん てんしゅ おがわ ごう 小川ラーメン 店主 小川 剛
		住所	〒810-XXXX 福岡市中央区XX1-1-1 電話 092（XXX）XXXX
		※上記労働者に係る事業場の名称及び所在地	〒 電話　（　）
あっせんを求める事項及びその理由			平成23年にパートとして雇用され、平成25年12月1日から正社員になった。平成27年11月25日、小川店主から、理由もなく突然解雇された。 　解雇理由はなく、無効である。労働時間の詳細はわからないが、相当額の不払い残業代がある。連日大声で怒鳴られるなど、パワハラにより精神的苦痛を受けた。労災保険すら未加入である。解雇補償金360万円、不払い残業代相当額300万円、パワハラ及び労災保険未加入の慰藉料340万円の合計1000万円の支払を求める。
紛争の経過			平成27年12月1日、書面（※）で解雇補償金及び不払い残業代、パワハラ慰藉料等を請求したが、指定期限である平成27年12月14日までに回答がなかった。 ※書面（写し）は別添の通り
その他参考となる事項			※小川ラーメンには、出勤簿、賃金台帳等は一切ない ※小川ラーメンは、労災保険、雇用保険等も加入していない。 ※労働組合には加入しておらず、他の紛争機関も利用していない。

平成27年12月15日

　　　　　　申請人　氏名又は名称　　　徳永　明日香　　　㊞

　　　　　　代理人　特定社会保険労務士　柴田　雄祥　　　㊞

福岡　労働局長　殿

〈記入例〉

委　任　状

（受任者）
　　　住　　所　　福岡市中央区XX一丁目X番X号

　　　氏　　名　　特定社会保険労務士　柴田　雄祥

私は、上記の者を代理人と定め、次の権限を委任します。

1．福岡労働局福岡紛争調整員会に申請のあった次のあっせん手続に関する一切の件

　　事件番号　福岡－２７－XX
　　申請人　　徳永　明日香
　　被申請人　小川ラーメン　店主　小川　剛

1．前項に付随する一切の事務

　　　　　　　　　　　　　　　　　　　　　平成２７年１２月１５日

　　　　福岡市早良区 XX 1-1-1

　　　　徳永　明日香　　　　　　　㊞

〈記入例〉

福岡労働局紛争調整委員会　御中

代　理　人　選　任　届

下記の事件について、あっせん手続を進めるにあたって、代理人を選任しましたので、ここに届け出をします。

記

事件番号　　　福岡局－２７－XX

被申請人　　　小川ラーメン　店主　小川　剛　　　　㊞

代理人　　　　特定社会保険労務士　箭川　亜紀子　　　㊞

　所在地　〒810-XXXX
　　　　　福岡市中央区XX１－１－１
　　　　　箭川社会保険労務士事務所
　電話　092-XXX-XXXX　　　FAX　092-XXX-XXXX

以上

雇用のプロ 安藤政明の一筆両断

労働紛争解決「あっせん制度」知っていますか?

新聞やテレビのニュースを見ていると、労働紛争に関する話題が、尽きることなく頻繁に出てきます。賃金不払い残業、過重労働、過労死、パワハラ、リストラ、賃金カット、退職勧奨、懲戒解雇…。これらの一つ一つ、当事者にとっては大きな問題です。

裁判で解決を図ると、紛争当事者は主張立証をし尽くさなければなりません。相互に一方的な主張を繰り返します。解雇無効の訴えの場合なら、こんな具合です。

労働者「誠実に勤務していたのに、理由もなく突然解雇された」

事業所「勤務態度が極めて悪く反抗的で、能力も低く他の労働者に迷惑をかけ続け、もはや雇用継続は不可能な状態だった」

場合によって程度の低い罵り合いになりかねません。裁判は、人間の日々の行為についての事実認定し、白黒つけるわけです。労働紛争は裁判制度になじまないといえるでしょう。

時間はかかりますし、疲れます。裁判で主張が認められる保証もありません。裁判官にとっても、判決文を書くのは大変です。そこで、裁判官は強力に和解を勧めます。当事者も条件さえ合えば和解は望むところです。その結果、労働裁判は判決に至らず和解が成立することが非常に多いのです。

「和解」といいますが、仲直りをしたわけではありません。金銭的解決にすぎません。人間関係は二度と修復できないくらい壊れたまま、というのが通常です。

裁判上の和解に至るまでには、嫌な思いをしながら相当の時間、労力、弁護士費用がかかることが一般的です。さらに、双方の条件が一致しなければ成立しません。和解が成立する保証は、どこにもありません。

もっと早く、もっと簡単に、そしてもっと費用がかからずに和解できれば、どんなに良いことでしょう。

ここで、個別労働紛争あっせん制度を紹介したいと思います。あっせん制度は、裁判と違って白黒つけるのではありません。あっせん委員を選択肢の一つとしてあっせん制度の説明をしていないのであれば、対応に問題があるといえるでしょう。

福岡の場合、個別労働紛争専門のあっせん機関として、福岡労働局が設置する「紛争調整委員会」と福岡県社会保険労務士会が設置する「社労士会労働紛争解決センター福岡」があります。万一、労働紛争の当事者になりそうなときは、思い出してほしいと思います。

が選択した専門家が、ひたすら和解成立だけを目指す制度です。

罵り合う必要もありません。しかも原則として1日だけで決まります。その1日も、おおむね申立から約1~2カ月後に開催されます。

あっせんは申し立てられた側が必ず参加する義務はありません。ざっくり言えば、3件に1件くらいの割合で不参加打ち切りになっています。

の周知不足が挙げられます。労働紛争の当事者が知らないことは仕方がありません。一般になじみがなく、自分で調べてもわかりにくい制度といえるからです。しかし、相談を受けた専門家が、選択肢の一つとしてあっせん制度の説明をしていないのであれば、対応に問題があるといえるでしょう。

とでしょう。

す。しかし、申し立てられた側が参加した場合は、結果として、かなり高い確率で和解成立している実績があります。

迅速で手続は簡単、そして相手方と顔を合わせずに済む。費用もほとんどかかりません。自分だけでもできますし、専門家に依頼しても裁判よりかなり格安で済むコストです。

裁判までは考えていない場合だけでなく、裁判を視野に入れている場合も「利用価値は大」といえます。あっせん不成立であれば、それから裁判に移行しても構わないのです。

このように非常に有効な制度ですが、ほとんど普及していません。最大の理由として、制度

安藤　政明（あんどう・まさあき）　昭和42年、鹿児島市生まれ。熊本県立済々黌高、西南学院大、中央大卒。平成10年に安藤社会保険労務士事務所開設。武道と神社参拝、そして日本を愛する労働法専門家として経営側の立場で雇用問題に取り組んできた。労働判例研究会、リスク法務実務研究会主宰。社労士会労働紛争解決センターあっせん委員。警固神社清掃奉仕団団長。

「産経新聞」平成27年9月3日

都道府県労働局内　総合労働相談コーナー一覧

(平成27年1月現在)

労働局	郵便番号	所在地	電話番号
北海道	060-8566	札幌市北区北8条西2-1-1　札幌第1合同庁舎9階	011-707-2700
青　森	030-8558	青森市新町2-4-25　青森合同庁舎8階	017-734-4212
岩　手	020-8522	盛岡市盛岡駅西通1-9-15　盛岡第2合同庁舎5階	019-604-3002
宮　城	983-8585	仙台市宮城野区鉄砲町1　仙台第4合同庁舎	022-299-8834
秋　田	010-0951	秋田市山王7-1-3　秋田合同庁舎4階	018-883-4254
山　形	990-8567	山形市香澄町3-2-1　山交ビル3階	023-624-8226
福　島	960-8021	福島市霞町1-46　福島合同庁舎	024-536-4600
茨　城	310-8511	水戸市宮町1-8-31　茨城労働総合庁舎4階	029-224-6212
栃　木	320-0845	宇都宮市明保野町1-4　宇都宮第2地方合同庁舎	028-634-9112
群　馬	371-8567	前橋市大渡町1-10-7　群馬県公社総合ビル9階	027-210-5002
埼　玉	330-6016	さいたま市中央区新都心11-2　明治安田生命さいたま新都心ビル　ランド・アクシス・タワー16階	048-600-6262
千　葉	260-8612	千葉市中央区中央4-11-1　千葉第2地方合同庁舎	043-221-2303
東　京	102-8305	千代田区九段南1-2-1　九段第3合同庁舎14階	03-3512-1608
神奈川	231-8434	横浜市中区北仲通5-57　横浜第二合同庁舎13階	045-211-7358
新　潟	950-8625	新潟市中央区美咲町1-2-1　新潟美咲合同庁舎2号館3階	025-288-3501
富　山	930-8509	富山市神通本町1-5-5　富山労働総合庁舎1階	076-432-2728
石　川	920-0024	金沢市西念3-4-1	076-265-4432
福　井	910-8559	福井市春山1-1-54　福井春山合同庁舎14階	0776-22-3363
山　梨	400-8577	甲府市丸の内1-1-11	055-225-2851
長　野	380-8572	長野中御所1-22-1　長野労働総合庁舎4階	026-223-0551
岐　阜	500-8723	岐阜市金竜町5-13　岐阜合同庁舎4階	058-245-8124
静　岡	420-8639	静岡市葵区追手町9-50　静岡地方合同庁舎3階	054-252-1212
愛　知	460-8507	名古屋市中区三の丸2-5-1　名古屋合同庁舎第2号館2階	052-972-0266
三　重	514-8524	津市島崎町327-2　津第二地方合同庁舎3階	059-226-2110
滋　賀	520-0057	大津市御幸町6-6	077-522-6648
京　都	604-0846	京都市中京区両替町通御池上ル金吹町451	075-241-3221
大　阪	540-8527	大阪市中央区大手前4-1-67　大阪合同庁舎第2号館8階	06-6949-6050
兵　庫	650-0044	神戸市中央区東川崎町1-1-3　神戸クリスタルタワー15階	078-367-0850
奈　良	630-8570	奈良市法蓮町387　奈良第3地方合同庁舎2階	0742-32-0202
和歌山	640-8581	和歌山市黒田2-3-3　和歌山労働総合庁舎3階	073-488-1020
鳥　取	680-8522	鳥取市富安2-89-9	0857-22-7000
島　根	690-0841	松江市向島町134-10　松江地方合同庁舎5階	0852-20-7009
岡　山	700-8611	岡山市北区下石井1-4-1　岡山第2合同庁舎3階	086-225-2017
広　島	730-8538	広島市中区上八丁堀6-30　広島合同庁舎2号館5階	082-221-9296
山　口	753-8510	山口市中河原町6-16　山口地方合同庁舎2号館6階	083-995-0398
徳　島	770-0851	徳島市徳島町城内6-6　徳島地方合同庁舎4階	088-652-9142
香　川	760-0019	高松市サンポート3-33　高松サンポート合同庁舎	087-811-8916
愛　媛	790-8538	松山市若草町4-3　松山若草合同庁舎6階	089-935-5208
高　知	780-8548	高知市南金田1-39　労働総合庁舎4階	088-885-6027
福　岡	812-0013	福岡市博多区博多駅東2-11-1　福岡合同庁舎新館5階	092-411-4764
佐　賀	840-0801	佐賀市駅前中央3-3-20　佐賀第2合同庁舎3階	0952-32-7167
長　崎	850-0033	長崎市万才町7-1　住友生命長崎ビル3階	095-801-0023
熊　本	860-8514	熊本市西区春日2-10-1　熊本地方合同庁舎9階	096-211-1706
大　分	870-0037	大分市東春日町17-20　大分第2ソフィアプラザビル3階	097-536-0110
宮　崎	880-0805	宮崎市橘通東3-1-22　宮崎合同庁舎2階	0985-38-8821
鹿児島	892-8535	鹿児島市山下町13-21　鹿児島合同庁舎2階	099-223-8239
沖　縄	900-0006	那覇市おもろまち2-1-1　那覇第2地方合同庁舎3階	098-868-6060

社労士会労働紛争解決センター 一覧

(平成26年10月現在)

設置社会保険労務士会	所在地	電話番号
北海道	札幌市中央区南四条西十一丁目1293番13 サニー南四条ビル2F	011-520-1951
岩手	岩手県盛岡市山王町1番1号	019-651-2373
宮城	宮城県仙台市青葉区本町一丁目9番5号 五城ビル4F	022-223-0573
秋田	秋田県秋田市大町三丁目2番44号 大町ビル3F	018-853-9061
山形	山形県山形市あこや町二丁目3番1号 錦産業会館2F	023-631-2959
福島	福島県福島市御山字三本松19番3号 第2信夫プラザ2F	024-535-4430
茨城	茨城県水戸市本町3丁目20番8号 本町壱番館ビル2F	029-226-3296
群馬	群馬県前橋市元総社町528番地9	027-253-5621
埼玉	埼玉県さいたま市浦和区高砂一丁目1番1号 朝日生命浦和ビル7階	048-826-4864
千葉	千葉市中央区富士見二丁目7番5号 富士見ハイネスビル7階	043-223-6002
東京	千代田区神田駿河台4-6御茶ノ水ソラシティ4階	03-5289-0751
神奈川	横浜市中区真砂町四丁目43番地 木下商事ビル4階	045-651-9380
新潟	新潟市中央区中央区東大通二丁目3番26号 プレイス新潟1F	025-250-7759
富山	富山県富山市千歳町一丁目6番18号 河口ビル2F	076-441-0432
石川	石川県金沢市玉鉾二丁目502番地 エーブル金沢ビル2F	076-291-5411
福井	福井県福井市大手3丁目7番1号繊協ビル3階	0776-21-8157
山梨	山梨県甲府市酒折一丁目1番11号 日星ビル2F	055-244-6064
長野	長野県長野市大字中御所字岡田131番地14 JAながの会館3F	026-267-6200
岐阜	岐阜県岐阜市薮田東二丁目11番地11	058-272-2470
静岡	静岡県静岡市葵区東鷹匠町9番2号	054-249-1101
愛知	愛知県名古屋市熱田区三本松町3番1号	052-884-2221
三重	三重県津市島崎町255番地	059-228-4994
滋賀	滋賀県大津市打出浜2番1号コラボしが21 6階	077-526-3760
京都	京都市上京区今出川通り新町西入ル弁財天町332番地	075-417-1922
大阪	大阪市北区天満二丁目1番30号 大阪府社会保険労務士会館	06-4800-8188
兵庫	兵庫県神戸市中央区下山手通7丁目10番4号	078-360-4864
奈良	奈良市西木辻343-1 奈良県社会保険労務士会館	0742-35-9100
和歌山	和歌山県和歌山市北出島一丁目5番46号	073-425-6584
鳥取	鳥取県鳥取市富安一丁目152番地 田中ビル1号館4F	0857-26-0835
島根	島根県松江市母衣町55番地4 松江商工会議所ビル6F	0852-26-0402
岡山	岡山県岡山市北区野田屋町二丁目11番13号 旧岡山あおば生命ビル	086-226-0164
広島	広島県広島市中区橋本町10番10号 広島インテスビル5F	082-212-4481
山口	山口県山口市中央四丁目5番16号 山口県商工会館2F	083-923-1720
徳島	徳島県徳島市南末広町5番8-8号	088-654-7777
香川	香川県高松市亀岡町1番60号 エスアールビル	087-862-1040
愛媛	愛媛県松山市萱町四丁目6番地3	089-907-4864

設置社会保険労務士会	所在地	電話番号
高　　　　知	高知県高知市桟橋通2丁目8番20号　モリタビル	088-833-1151
福　　　　岡	福岡市博多区博多駅東二丁目5番28号　博多偕成ビル301号	092-414-4864
長　　　　崎	長崎県長崎市桶屋町50番地1杉本ビル3階B	095-821-4454
熊　　　　本	熊本県熊本市坪井6丁目38番15　建峰ビル	096-346-1124
宮　　　　崎	宮崎県宮崎市大和町83番地2　鮫島ビル1階	0985-20-8160
鹿　児　島	鹿児島県鹿児島市下荒田三丁目44番18号　のせビル2階	099-257-4827
沖　　　　縄	沖縄県那覇市松山二丁目1番12号　合人社那覇松山ビル6階	098-863-3180
連　合　会	東京都中央区日本橋本石町3丁目2番12号　社会保険労務士会館	03-6225-4887

○社労士会労働紛争解決センターは全国で順次設置されていきます。最新の設置状況は、法務省HP「かいけつサポート」をご覧ください。
http://www.moj.go.jp/KANBOU/ADR/itiran/funsou018.html

安藤政明（あんどう・まさあき）
特定社会保険労務士，行政書士，一級FP技能士・CFP®
熊本県立済々黌高等学校，西南学院大学商学部，中央大学法学部通信教育課程を卒業。平成10（1998）年，安藤社会保険労務士事務所開設。労働判例研究会主宰，リスク法務実務研究会主宰，中央大学法学部通信教育課程福岡支部講師（労働法），警固神社清掃奉仕団団長，福岡地方史研究会会員。
■あっせん機関関係
平成19〜21年，福岡県社会保険労務士会ADR委員会副委員長
平成21〜27年，社労士会労働紛争既決センター福岡副所長
平成25年〜現在，社労士会労働紛争解決センター福岡あっせん委員
■執筆
【単行本】『労働判例に学ぶ中小企業の労務管理』（共著，労働新聞社，平成21年10月），『労働判例にみる解雇基準と実務』（共著，日本法令，平成22年11月），『解雇予告除外認定申請完全ガイド』（日本法令，平成23年10月）他。【連載コラム】「労務士アンドウの言いたか！放談」（『月刊フォーNET』平成21年8月号〜毎月連載中），「雇用のプロ安藤政明の一筆両断」（「産経新聞」九州山口版，平成24年9月12日朝刊〜年6，7回執筆中）。【他】『ビジネスガイド』，『FPジャーナル』，『中小企業と組合』，『福岡地方史研究』他。

脚本で学ぶ実務的すぎる裏話付き個別労働紛争あっせん制度
ブラックなラーメン屋が解雇，パワハラ，
賃金不払い残業…紛争勃発！ 和解なるか!?

平成27（2015）年11月1日　第1刷発行

著　者　安藤政明
発行者　別府大悟
発行所　合同会社花乱社
　　　　〒810-0073 福岡市中央区舞鶴1-6-13-405
　　　　電話 092(781)7550　FAX 092(781)7555
印刷・製本　有限会社九州コンピュータ印刷
［定価はカバーに表示］
ISBN978-4-905327-50-9